O príncipe

Percy Kemp

O príncipe

Tradução de
Clóvis Marques

1ª edição

CIVILIZAÇÃO BRASILEIRA

Rio de Janeiro
2014

Copyright © Editions du Seuil, 2013
Copyright da tradução © Civilização Brasileira, 2014

Título original
Le Prince

Capa
Elmo Rosa

CIP-BRASIL. CATALOGAÇÃO NA PUBLICAÇÃO
SINDICATO NACIONAL DOS EDITORES DE LIVROS, RJ

Kemp, Percy, 1952-
K42p   O príncipe: sobre as novas formas de exercer e manter o poder nos dias de hoje / Percy Kemp; tradução Clóvis Marques. – 1. ed. – Rio de Janeiro: Civilização Brasileira, 2014.
150 p.

Tradução de: Le prince
ISBN 978-85-200-1215-4

1. Liderança. 2. Estratégia. 3. Negócios. I. Título.

	CDD: 658.314
14-12207	CDU: 658.310.13

Todos os direitos reservados. É proibido reproduzir, armazenar ou transmitir partes deste livro, através de quaisquer meios, sem prévia autorização por escrito.

Direitos desta tradução adquiridos
EDITORA CIVILIZAÇÃO BRASILEIRA
Um selo da
EDITORA JOSÉ OLYMPIO LTDA.
Rua Argentina, 171 – Rio de Janeiro, RJ – 20921-380 –
Tel.: 2585-2000

Seja um leitor preferencial Record.
Cadastre-se e receba informações sobre nossos lançamentos e nossas promoções.

Atendimento e venda direta ao leitor:
mdireto@record.com.br ou (21) 2585-2002

Impresso no Brasil
2014

Finjamos estar no controle desses acontecimentos que nos escapam.

                                                   Talleyrand

Senta tranquilamente à beira do rio, e acaba-
rás vendo passar o cadáver do teu inimigo.

                           Provérbio chinês e também banto

Sumário

Introdução. Príncipes sem pátria nem fronteira   9

Por uma nova concepção do poder e de seu
exercício   19

Por que os acontecimentos são o pior inimigo
do Príncipe   33

Existem acontecimentos promissores do ponto
de vista do Príncipe?   45

Acontecimentos que contrariam a vontade
do Príncipe   49

Acontecimentos voluntariamente provocados
pelo Príncipe   59

Acontecimentos legados ao Príncipe   69

Armas de que o Príncipe dispõe ante os
acontecimentos   79

Da Informação como arma ante os
acontecimentos   83

Da Antevisão como arma ante os
acontecimentos   101

Da Mistificação como arma ante os
acontecimentos   109

Da Esquiva como arma ante os acontecimentos   117

Da importância dos princípios de vida e governo 125

Do autoconhecimento como princípio de
vida e governo   129

Do autocontrole como princípio de vida e
governo   139

Posfácio   151

INTRODUÇÃO
Príncipes sem pátria nem fronteira

Desde épocas imemoriais, o jogo do poder e da dominação vem se articulando essencialmente em torno da queda de braço entre o Príncipe e seus inimigos internos ou externos. Durante muito tempo, por sinal, esse jogo se inscreveu no curso da história, desenrolando-se em ritmo lento. Ao longo dos séculos, impuseram-se teorias políticas e doutrinas militares sobre o exercício do poder e a arte da guerra que refletiam esse estado de coisas, todas repousando na identificação de objetivos estratégicos ou geopolíticos a serem alcançados diante de um inimigo secular estável, identificável e permanente: dos niclianos maniatas[1] da Antiguidade aos grandes blocos geopolíticos contemporâneos, passando pelas cidades italianas rivais do Renascimento, os Estados-nação

---

1. Os niclianos de Mani, no sul do Peloponeso, eram famílias guerreiras rivais que habitavam muitas vezes a mesma aldeia e que, entrincheiradas em torres fortificadas, às vezes distando apenas algumas dezenas de metros, travaram ao longo de séculos guerras contínuas, atirando balas de canhão contra o alto da torre do campo adversário para provocar sua derrubada.

territoriais da era moderna e até os torcedores de clubes de futebol rivais, como Lyon e Saint-Étienne ou os Rangers e o Celtic de Glasgow.

Recentemente, nada terá encarnado melhor essa perenidade do inimigo e das apostas estratégicas e geopolíticas a ele ligadas que a guerra fria, nova guerra de Troia, que durante meio século confrontou o bloco socialista, liderado pela União Soviética, e o campo ocidental, alinhado em torno dos Estados Unidos da América. Nesse período, grandes fachos Leste-Oeste cortavam o espaço geopolítico, projetando luz num inimigo permanente que sempre dizia presente e iluminando objetivos e questões em jogo tão permanentes quanto ele. Por mais assustadores que fossem, especialmente em sua dimensão nuclear, anunciando um Armagedon sempre possível, esses fachos Leste-Oeste nem por isso deixavam de ser também tranquilizadores: por sua própria estabilidade, por se inscreverem na continuidade, pelas linhas vermelhas que tinham traçado e que os beligerantes de fato se eximiam de ultrapassar e pelas fronteiras quase impenetráveis por trás das quais cada qual podia dizer-se e sentir-se em casa.

Acontece que, desde a vitória, há um quarto de século, do campo ocidental, que não lançou mísseis nucleares contra o adversário mas teve a excelente ideia de introduzir por trás de suas muralhas um cavalo de Troia cheio de ouro e levando tabuletas nas quais se escreviam as leis do mercado, o espaço geopolítico tornou-se assustadoramente plano e aberto: tão plano que não oferece mais ao Príncipe qualquer apoio e tão aberto que não lhe proporciona mais nenhum referencial. Desde então, muros e muralhas do passado inclinaram-se docilmente ante as exigências de uma nova economia mundial e de um novo mercado de dimensões planetárias, e a antiga fronteira que separava nossa casa do exterior foi varrida pelas torrentes do livre-comércio e da livre circulação de bens, pessoas, informação e ideias.

De um dia para outro, a distinção entre amigo e inimigo apagou-se como por magia, e o antigo adversário constante, por mais ameaçador ou mesmo tranquilizador que fosse, deu lugar a uma infinidade de oponentes que na melhor das hipóteses poderiam ser considerados *ad hoc*: inimigos potenciais, dificilmente identificáveis e detectáveis, inimigos que só podiam ser percebidos a partir do momento em que entravam em ação. E, se na época da Guerra Fria um serviço de informação ocidental como o SIS britânico ainda podia se dar ao luxo de planejar longa e minuciosamente, durante dois, três ou até quatro anos, uma operação de infiltração num serviço inimigo como a KGB soviética — pois este era um antagonista perene, bem como eram perenes os benefícios esperados de tal empreendimento — hoje, diante de um inimigo nebuloso e cambiante como, por exemplo, o movimento islamista da al-Qaeda, que em parte tomou o lugar do velho adversário comunista de ontem no imaginário e nas preocupações do Príncipe ocidental, uma manobra de infiltração a longo prazo, mobilizando grandes recursos a um alto custo, permitiria na melhor das hipóteses infiltrar-se em determinado grupo terrorista, à exclusão de todos os demais, frustrando um atentado, à exclusão de todos as demais.

Tendo evoluído durante muito tempo num espaço organizado em forma de tabuleiro de xadrez, no qual todas as peças eram igualmente identificáveis e programadas, o Príncipe viu-se afinal evoluindo, ao sair da Guerra Fria, num espaço que mais parecia um tabuleiro de damas. Um tabuleiro no qual, ao contrário do que acontece no xadrez, as peças não são diferenciadas, peões anônimos de aparência e valor equivalentes, podendo o mais insignificante deles, ao sabor dos eventos e em função exclusivamente de seu posicionamento no tabuleiro em dado momento, transformar-se numa rainha adversa e, para o Príncipe, num inimigo mortal.

Como já não lhe são de grande utilidade os eruditos tratados dos grandes mestres do xadrez nos quais até então se baseava, o Príncipe, ele próprio um grande enxadrista, mas levado pela força das circunstâncias a jogar damas, obrigou-se contra a vontade a aprender na prática com toda a aplicação. As antigas doutrinas militares do equilíbrio de forças e do terror entre os grandes blocos deram lugar então a exposições sobre a guerra assimétrica, a estratégia apagou-se diante da tática, os planos quinquenais foram esquecidos em benefício de medidas a serem tomadas no calor dos acontecimentos e a visão a longo prazo foi substituída pela pilotagem manual.

O que nem por isso terá sido suficiente para transformar esse excelente enxadrista num bom jogador de damas. Como o inimigo com o qual podia ver-se defrontado em dado momento já não era necessariamente o mesmo que enfrentara na véspera, ficava com efeito cada vez mais decisivo para ele tomar conhecimento do adversário. Além disso, como uma guerra já não se parecia mais com a que a havia antecedido (*a* guerra assimétrica não existe realmente, existem apenas, na prática, *guerras* assimétricas, a serem consideradas caso a caso), também se tornava cada vez mais difícil para ele ganhar experiência, pois a experiência é tributária da repetição. Enfim, insistindo em querer dar ao inimigo um nome e um rosto estáveis e reconhecíveis, para ao mesmo tempo demonizá-lo e se tranquilizar, ele terá deixado de se questionar sobre as condições objetivas que a ele beneficiavam e atendiam ao seu interesse.

Por todos esses motivos, o Príncipe viu-se na impossibilidade de se escorar numa concepção dinâmica do exercício do poder, capaz de resistir à aceleração do tempo e ao encolhimento do espaço aos quais assistimos, assim como à multiplicação, daí decorrente, das mudanças e transformações.

Ao mesmo tempo que o espaço geopolítico se abria e se tornava plano, abria-se igualmente o espaço econômico, à medida que as exigências do mercado, agora mundial, derrubavam as barreiras alfandegárias e as muralhas protecionistas do passado, passando por cima de antigas fortificações. O imperativo de crescimento, com seus novos valores universais de competitividade e lucratividade, também punha para correr os valores de identidade e territorialidade que até então tinham servido de alicerce ao Estado-nação do Príncipe. Com efeito, se depois da quebra de 1929 um presidente americano podia, por simples decisão principesca, lançar uma ambiciosa política de grandes obras e dar vida a uma economia moribunda, hoje, como evidencia o pânico de que são tomados, nossos Príncipes têm dificuldade de encontrar uma saída para a grave crise econômica e financeira que nos atinge, crise que, não importa o que nos digam a respeito, escapa totalmente ao seu controle: nenhuma decisão que já tenham tomado ou que poderiam tomar pode de fato remediá-la enquanto o abscesso não for perfurado para se desfazer por si mesmo, no seu ritmo, por assim dizer, e à sua maneira.

Se assim ocorre, é porque a economia, confundindo-se já agora com o crescimento, a competitividade e a lucratividade, e também saindo dos limites, para ela demasiado estreitos, das fronteiras do Estado-nação, para se estender indistintamente a todos os cantos e recantos do planeta, terá deixado de ser, como indicava sua etimologia, a soma das regras que regem a boa gestão do lar, para se tornar o equivalente de um organismo vivo que não obedece mais às ordens do Príncipe, mas as suas próprias leis. A economia, hoje, é de fato uma divindade, e até um demiurgo. E por sinal às vezes é amiga do Príncipe e às vezes sua inimiga, mas permanece sempre sua senhora, e sempre tomando sua dianteira.

Por todos esses motivos, mas também porque o conhecimento que o Príncipe acaso tivesse de um inimigo que agora tem mil rostos diferentes é menos importante que a compreensão que deveria ter das condições propícias ao seu advento e das circunstâncias que o fortalecem, pareceu-me útil propor aqui uma nova concepção do poder, mais dinâmica, e uma nova maneira de exercê-lo, com melhor controle. As duas podem a meu ver permitir ao Príncipe retomar a iniciativa perdida e voltar a controlar o que, por mais que ele negue, não pode deixar de lhe parecer, do ponto em que se encontra, desesperadamente incontrolável.

Só então, quando tiver assimilado essa nova concepção do poder e dominado essa nova maneira de exercê-lo, poderá ele ter a expectativa de se tornar de novo senhor do próprio destino, de governar bem e por longo tempo, de estar em condições, quando chegar o momento, de escolher seu sucessor, de tal maneira que seu legado político possa perdurar, deixando para a posteridade a lembrança de um Príncipe esclarecido.

Tudo isso será exposto nestas páginas da maneira mais clara e límpida possível, longe de qualquer construção teórica e recorrendo constantemente a casos concretos e a exemplos práticos. E assim procederei porque essa nova maneira de pensar a política e de exercer o poder nada tem de misteriosa. Muito pelo contrário, para quem quer enxergar, ela é tão evidente quanto o nariz no meio do rosto. Para lhe ser fiel e fazer-lhe justiça, vou portanto abordá-la e expô-la da maneira mais simples.

Seguindo os passos de Demétrio de Falero,[2] que aconselhava ao rei Ptolomeu que lesse livros tratando da realeza e do governo, pois, segundo dizia, "o que os amigos não têm coragem de recomendar aos Príncipes está escrito nos livros", pensei a certa altura dedicar

---

2. Filósofo e político dos séculos IV-III a.C., discípulo de Aristóteles. O Ptolomeu aqui mencionado é Ptolomeu I, general de Alexandre e depois rei do Egito, ou seu filho Ptolomeu II.

este livro a algum Príncipe de hoje cujas qualidades de comando, previdência e boa governança suscitassem minha admiração. Mas logo me veio à mente este comentário de Dionísio, o Jovem, que afirmava, por sua vez, que se ele mencionava sábios filósofos e lia seus textos, não era porque os admirasse, mas porque queria ser admirado graças a eles.[3]

Dito isso, mesmo tendo em mente esse comentário cáustico de Dionísio, se eu tivesse encontrado um autêntico capitão, em condições de conduzir a bom porto o navio desgovernado e sem mastros no qual todos nós estamos agora embarcados, nem por um momento teria hesitado em lhe dedicar este livro. Infelizmente, por mais que buscasse esse chefe providencial em toda parte, não o encontrei em lugar nenhum. Em vez disso, na ponte dessa nossa maltratada embarcação, deparei-me apenas com capitães autoproclamados correndo em todas as direções como galinhas decapitadas, e outros que, a pretexto de nos salvar do naufrágio, se agarravam desesperadamente a nós com medo de afundar primeiro.

Por isso é que, no lugar de todos esses que do Príncipe têm apenas o nome, dedico este livro, que trata do poder e do principado, a todos aqueles que, por mais

---

3. Dionísio, o Jovem, tirano de Siracusa no século IV a.C., depois de suceder a seu pai, Dionísio, o Velho. Platão tentou em vão aconselhá-lo e influenciá-lo.

humildes e desconhecidos que sejam, tenham olhos de ver, ouvidos de ouvir, coração para decidir, mas também sangue-frio para não se deixar levar. Que eles possam encontrar aqui material para reflexão e convite para a ação justa, de maneira que cada um seja um autêntico Príncipe, este em sua cidade, aquele em sua aldeia, aquele outro no seu bairro, na sua empresa, em suas terras, entre os colegas de trabalho e no círculo social ou familiar.

E, agora, com a palavra o leitor: *Lectori salutem*!

Por uma nova concepção do poder e de seu exercício

Há quinhentos anos, escrevendo em Florença na época do Renascimento, Nicolau Maquiavel oferecia a Lourenço de Médici sua visão da política e sua concepção do poder, dando-lhe conselhos sobre a melhor maneira ao alcance do Príncipe para conseguir seus objetivos, firmar sua autoridade e se defender dos inimigos — e até dos amigos. Embora nada prove que o Príncipe a quem havia sido dedicada essa obra tenha realmente dado ouvidos ao que dizia Maquiavel, seu tratado acumulou grande reputação ao longo dos séculos, tendo sido lido e continuando a sê-lo por muitos Príncipes e aspirantes ao principado, que nele encontraram e ainda encontram astúcias e intrigas de poder, estratagemas e receitas de conquista. De tal maneira que o "maquiavelismo" acabou entrando para o vocabulário político.

Acontece que Nicolau Maquiavel escrevia numa época em que o mundo ainda era basicamente agrário, na qual o poder estava intimamente ligado à terra e expressões como "cidadela", "feudo" e "baronato" não eram usadas, como hoje, em sentido metafórico, mas no sentido literal. A realidade do mundo, entretanto, mudou radicalmente desde o século XVI. Impulsionado por tendências cada dia mais fortes, o mundo terá na realidade mudado muito mais nos últimos cento e poucos anos do que ao longo dos três ou quatro milênios anteriores.

Há 25 séculos, quando a Atenas de Péricles estava no apogeu, a Ática tinha apenas 250 mil habitantes e o planeta inteiro não passava dos 113 milhões (o equivalente, hoje, à população do México). Tendo apenas dobrado nos 1.200 anos que se seguiram, a população mundial acabou chegando ao século VII com 210 milhões de habitantes. No início do século XIX, no entanto, já éramos um bilhão na Terra, e desde então essa tendência só se intensificou: dois bilhões por volta de 1920, três por volta de 1960 e nada menos que sete hoje. Em outras palavras, nos últimos cinquenta anos a população mundial terá mais que duplicado, ao passo que entre o século V antes da nossa era e o século VII da nossa era foram necessários nada menos que 12 séculos para o mesmo resultado. Enquanto Péricles tinha de governar no máximo algumas dezenas de milhares de atenienses, os Péricles de hoje devem administrar dezenas e às vezes até centenas de milhões de pessoas.

Há cem anos, cada ser humano tinha teoricamente a sua disposição vinte hectares de terra. Hoje, chegamos a dois hectares por pessoa, dez vezes menos. E amanhã, com o aumento da população mundial, a quanto haverá de chegar o espaço vital de cada um? Duzentos metros quadrados? Depois vinte? E depois dois? Dois metros: insuficiente para viver, é verdade, mas certamente suficiente para poder dizer quando chegar a hora, como o chefe germânico Boiocale ao general romano Avitus, que acabava de lhe recusar as terras de que seu povo, aliado de Roma, precisava para a subsistência: "Pode nos faltar terra para viver, mas nunca nos faltará para morrer."

Há 150 anos, para integrar certo clube londrino fundado por e para grandes viajantes e exploradores, era necessário comprovar uma residência situada a pelo menos um dia a cavalo da capital. Supondo-se que um cavalo fosse capaz de percorrer de cinquenta a sessenta quilômetros por dia, os candidatos elegíveis tinham de apresentar provas de uma residência que, ao sul de Londres, por exemplo, se situasse além de Tunbridge Wells em Kent (em Dover, por exemplo, ou então em Hastings). Acontece que, se a regra do dia de viagem fosse aplicada hoje, quando é possível num só dia chegar a Londres vindo da Cidade do Cabo ou de Buenos Aires, o clube só poderia aceitar como sócios aqueles que pudessem comprovar — sempre ao sul de Londres — uma residência que ficasse, digamos, em Sydney, Austrália. Em outras palavras, como a rapidez dos transportes aboliu as distâncias, os 17.000 quilômetros que separam Londres de Sydney, nos Antípodas, equivalem, na medida do tempo, aos cinquenta quilômetros que ainda ontem separavam Londres de Tunbridge Wells, em Kent.

Há cerca de sessenta anos, as empresas aéreas transportavam 65 milhões de passageiros por ano. Hoje, transportam mais de 2,5 bilhões. Em outras palavras, em pouco mais de meio século o número de passageiros aéreos terá sido multiplicado por quarenta, e hoje mais de um terço da humanidade viaja de avião todo ano. Em vista disso, facilmente podemos imaginar o aumento do número de desastres e incidentes possíveis, dos acidentes aos atentados, passando por sequestros, atrasos de decolagem causados por congestionamento aéreo e baldeações perdidas — que vêm a ser outros tantos motivos de preocupação para o Príncipe.

Há meio século, o volume anual do comércio internacional chegava a 600 bilhões de dólares. Hoje, no entanto, é de 15 trilhões de dólares por ano. Em outras palavras, considerando-se valores equiparados, a quantidade de bens, serviços e mercadorias transportados de um ponto a outro do planeta terá aumentado vinte vezes em pouco mais de cinquenta anos, provocando proporção equivalente de falhas e brechas nas fronteiras e barreiras alfandegárias principescas.

No século XI, vivia no Oriente Médio um certo Hassan Ibn al-Sabbah, que à frente de sua seita dos chamados Assassinos fez milhares de vítimas, matando sem qualquer distinção, como Pentesileia,[1] muçulmanos e cruzados. Mas quantos na época teriam ouvido falar dele? Dez mil? Cem mil, no máximo? Hoje, da China ao Chile e da Noruega à Austrália, bilhões de pessoas sabem quem era Osama Bin Laden (que no entanto causou muito menor devastação que Hassan Ibn al-Sabbah em sua época) e viram e vivenciaram como se estivessem presentes os acontecimentos que ele provocou voluntária ou involuntariamente, dos atentados do 11 de Setembro a sua perseguição e morte; centenas de milhões formaram uma opinião a seu respeito, com suas emoções e seus preconceitos; dezenas de milhões tomaram claramente partido; centenas de milhares quiseram imitá-lo ou então imitar os que o perseguiram e mataram; e dezenas de milhares, por fim, passaram à ação, de um lado ou de outro, provocando assim, por emulação, uma infinidade de acontecimentos induzidos pelo acontecimento inicial, do lançamento de uma bomba a uma batida policial. Até um militante de extrema direita como Anders Breivik, que matou 77 pessoas na Noruega

---

1. Rainha das amazonas na mitologia grega, personificação da perfeita máquina de guerra na peça epônima de Heinrich von Kleist (1777-1811).

em sua cruzada nacionalista e anti-islâmica, reconheceu durante o julgamento, na primavera de 2012, que se inspirou em Osama Bin Laden e na al-Qaeda.

Outra tendência muito forte: a que resulta da vitória já agora definitiva do rizoma da globalização sobre as raízes arborescentes do Estado-nação, berço natural do Príncipe. Até meados do século XIX, 95% dos casamentos efetuados no interior da Inglaterra (mas provavelmente também no de outros países) juntavam jovens que moravam a menos de 5 quilômetros um do outro, e que passariam o resto da vida juntos no mesmo lugar. Hoje, no entanto, não é raro que um jovem inglês de Yorkshire se case com uma chinesa de Hong Kong que conheceu na Universidade de Berkeley, na Califórnia, e vá morar com ela em Vancouver para trabalhar nessa cidade canadense, já que seu "lugar" na Yorkshire natal foi tomado por um polonês de Cracóvia ou um paquistanês de Karachi.

O mesmo ocorre no mundo das finanças, cujos fluxos agora escapam quase inteiramente ao controle do Príncipe; na indústria, pois a vitória do capitalismo financeiro internacional sobre o capitalismo industrial nacional acarretou transferências maciças de empresas para países estrangeiros; na agricultura, com a aquisição por multinacionais de centenas de milhões de hectares na Austrália, na África e na América Latina; nos serviços, com a transferência, por exemplo, de centros de atendimento telefônico de Londres para Bombaim ou de Paris para Casablanca; para não falar dos terrenos próprios ao que os antigos chamavam de "lazer", ou seja, o tempo que temos para nós mesmos e que dedicamos ao esporte, à cultura, às distrações, às obras de caridade.

Hoje, para cada jovem parisiense que atue como voluntário em subúrbios pobres da capital francesa, quantos não preferem fazer o mesmo no Mali ou na Bolívia? Enquanto o Príncipe de hoje permanece tão vinculado ao território de que depende o seu poder quanto os senhores feudais de outras épocas estavam presos ao seu feudo, os antigos servos, agora libertados da gleba, deslocam-se como bem entendem para se instalar onde melhor lhes pareça ou quase, causando com essa mobilidade desequilíbrios que comprometem as bases sociais do Príncipe e abalam a árvore principesca, ameaçando desenraizá-la.

Na realidade, um grande Estado-nação de hoje não é muito diferente de um grande clube de futebol, o Liverpool, por exemplo, que tem em seu time apenas dois jogadores nascidos em Liverpool, não sendo sequer ingleses os proprietários e o treinador. Além disso, o clube tem mais torcedores em Xangai, Londres ou Dubai que na própria cidade de Liverpool. No fim das contas, só os torcedores que regularmente comparecem para encher o estádio de Anfield, chova ou faça sol, são nativos da cidade. Mas esses, como se sabe, não controlam as finanças do clube, nem a política de transferências de jogadores, nem as táticas de jogo. E na verdade, como acontece hoje com o Liverpool, o Estado-nação sobre o qual reina o Príncipe sem pátria nem fronteiras nada mais tem de nacional senão o nome.

Última tendência forte, certamente a mais eloquente: a que diz respeito à expectativa de vida dos grandes impérios desde que Leste e Oeste, Norte e Sul passaram a se atrair e entrechocar. O Império Romano, do Ocidente e depois do Oriente, durou 1.500 anos. O Império Otomano, que sucedeu ao Império Romano do Oriente, durou seiscentos anos. Mais perto de nós, o Império Colonial Britânico durou cerca de três séculos, e o Império Russo Soviético, quatro vezes menos. Quanto ao Império Americano, que deveria ter se beneficiado do desmoronamento do Império Russo Soviético mas já vem se degradando, tudo leva a crer que não durará mais que algumas décadas. Em outras palavras, ao longo dos últimos dois mil anos, os grandes impérios milenares foram lenta mas seguramente substituídos por impérios que envelheciam cada vez mais depressa, até que chegássemos hoje a impérios que nem sequer têm a expectativa de vida de um simples mortal.

Seria então o inimigo do Príncipe que assim corrói as bases do seu império (do latim *imperium*: poder, controle)? Seria ele que o envelhece dessa maneira, tão antes da hora? Certamente que não, pois o inimigo do Príncipe sempre esteve presente, na época do Império Britânico como no tempo do Império Romano. Mais ainda, poderíamos dizer que hoje em dia os inimigos do Príncipe são muito menos numerosos que em outras épocas: com efeito, não foram hordas de inimigos bárbaros que levaram a melhor sobre o Império Britânico. Ora, se não são os inimigos evidentes do Príncipe que passaram a contestar seu império, quem seria então seu verdadeiro inimigo?

Hoje, na realidade, o inimigo ostensivo, reconhecido, vilipendiado — tenha ele o nome de anarquista, sionista, islamista, terrorista, imperialista ou outro qualquer — limita-se a dar o golpe de misericórdia nos impérios.

Na verdade, não foi uma derrota militar ante as forças da Aliança Atlântica que causou a derrocada do Império Soviético, mas a considerável massa de acontecimentos induzidos pela tecnologia moderna e por um sistema capitalista baseado na livre troca e na livre circulação de ideias, pessoas e bens.

O que realmente esgota as forças dos impérios e dos poderes estabelecidos, hoje, acometendo-os de senilidade precoce, é nem mais nem menos que nebulosa superabundante, luxuriante e envolvente dos acontecimentos.

Globalização, esfacelamento do poder de decisão decorrente da interdependência entre as nações, aumento exponencial da população, fluxos crescentes de migração, aumento considerável das trocas internacionais, extensão e aceleração dos meios de transporte e comunicação, crescente dependência de cada um em relação à tecnologia, poder da imagem, dos meios de comunicação audiovisuais e das redes sociais, acesso universal à informação, propagação das ideias e seu poder de contágio, exigência de uma transparência sempre maior por parte dos indivíduos, aspirações e ambições individuais sempre crescentes, capacidade quase ilimitada de identificação e empatia virtuais com o outro: são fatores que hoje em dia tornam o Príncipe eminentemente vulnerável aos acontecimentos, quaisquer que sejam suas causas, deixando-o, por um lado, órfão de um Estado-nação e de uma soberania nacional que fazem água por todos os lados, e, por outro, carente de um Estado supranacional e de uma soberania imperial que cada vez mais encontram dificuldade de perdurar.

Sem chegar a tratar aqui dos impérios que rapidamente terão desmoronado ao peso imenso dos acontecimentos que eles mesmos tinham provocado (o império dos hunos, o de Napoleão ou o Terceiro Reich alemão), eu diria que, mesmo na ausência de qualquer máquina de guerra e de qualquer lógica de conquista geradora e multiplicadora de acontecimentos, o fato é que, quanto mais passa o tempo, mais a história se acelera e mais o Príncipe encontra dificuldade para controlar e gerir acontecimentos em quantidade eternamente crescente.

Ao contribuir para aumentar drasticamente o número de acontecimentos possíveis, ao acelerá-los, ampliando também seu impacto e sua ressonância, a sociedade moderna provoca engavetamentos de acontecimentos que tanto mais aumentam os riscos corridos pelo Príncipe. A mobilidade das pessoas, seu afastamento de toda verticalidade e de todo enraizamento, sua propensão à horizontalidade e ao movimento, sua velocidade, sua ubiquidade, tudo isso gera uma quantidade incalculável de possíveis combinações de ações humanas e, portanto, de acontecimentos tão imprevisíveis quanto incontroláveis.

Enquanto os Príncipes de épocas antigas só eventualmente pagavam o preço de um golpe do destino — fome ou epidemia — se abater sobre seu país, levando os súditos a pensar que eles tinham provocado a cólera de alguma divindade e que portanto não mereciam mais reinar, o Príncipe de hoje está sempre na defensiva. Permanentemente exposto aos acontecimentos, ele pode a qualquer momento sofrer as consequências da má sorte, da má gestão das consequências de um terremoto, de um conflito militar, de um vazamento num reator nuclear, de uma crise bancária, de uma catástrofe ferroviária e até, como aconteceu recentemente na Europa, de um pequeno escândalo ligado ao excesso de calor, à falta de combustível ou a implantes mamários de má qualidade. Parece até que a história teria sido colocada num acelerador, não de partículas, mas de acontecimentos, que, projetando-se uns contra os outros, se multiplicam infinitamente para em seguida proliferar em metástase por todo o corpo social.

Por sinal, como poderia ser de outra maneira? Há apenas 125 anos, na época em que Kipling[2] escrevia *O homem que queria ser rei*, a morte de um soldado inglês em combate no Afeganistão, sendo enterrado no local onde tombou, como queria a tradição militar imperial, não teria tido nenhuma ressonância além de seu círculo familiar e local. Hoje, a volta ao país do corpo de um militar inglês morto no Afeganistão é a manchete de abertura de todos os jornais da televisão britânica. Há apenas 125 anos, um tsunami que atingisse Fukushima, no litoral nordeste do Japão, teria no máximo transtornado a vida de alguns milhares de pescadores locais. Hoje, esse mesmo tsunami afeta em diferentes graus dezenas de milhões de pessoas, da população local ao europeu apreciador de sushis, passando pelo consumidor de eletricidade nuclear e o proprietário americano de um carro japonês. Na realidade, nunca a cadeia de acontecimentos terá de tal maneira entravado o Príncipe; nunca os acontecimentos terão pesado tanto sobre ele, forçando-o a baixar a

---

2. Rudyard Kipling (1865-1936), poeta e escritor britânico que viveu durante muito tempo na Índia, e autor, entre numerosas obras, de *O livro da selva*.

cabeça e se curvar para não ser varrido por eles. O que, devemos admitir, pode ser tudo, menos principesco.

Ao contrário do que acontecia na época em que Maquiavel refletia e escrevia sobre o poder, é aí, nos acontecimentos — e não no rei da França, nos Borgia de Roma, nos Sforza de Milão ou em qualquer outro inimigo facilmente identificável — que reside já agora o verdadeiro perigo à espreita do Príncipe. Por isso é urgente que ele se debruce seriamente sobre o conceito de acontecimento, no que ele tem de politicamente significativo. E por isso também é urgente elaborar desde logo uma concepção do poder e do seu exercício que não seja mais, como no passado, antropocêntrica e focalizada nos inimigos do Príncipe, interessando-se em primeiro lugar pelos acontecimentos, entendidos como um viveiro que o alimenta e fortalece.

A questão, na verdade, é saber o que vem primeiro, o acontecimento ou a inimizade. Nós nos enfrentamos porque somos inimigos ou somos inimigos porque nos enfrentamos? Durante muito tempo, a resposta de fato terá sido que lutamos contra nossos inimigos. De minha parte, sustento que, na realidade, é ao lutarmos uns contra os outros que nos tornamos inimigos. Mas haverá quem me responda que, se lutamos contra "eles", é porque eles nos terão agredido primeiro. Mas eu responderia que, nesse caso, o que vem primeiro não é o inimigo, mas a agressão, em outras palavras, o acontecimento.

O Renascimento, como sabemos, deslocou Deus do centro do universo para colocar o homem em Seu lugar. Com certeza agora chegou o momento de tirar o homem — e, portanto, o inimigo — do pensamento do Príncipe, situando o acontecimento no cerne de suas preocupações. Assim será possível propor-lhe uma nova maneira de conceber o poder e exercê-lo. É o que pretendo fazer agora, com a plena consciência de que qualquer conceitualização do poder e do seu exercício que não convivesse cotidianamente com o real não passaria de teoria fantasiosa, mais tendente a desservir ao Príncipe que a lhe ser de alguma utilidade.

Por que os acontecimentos são o pior inimigo do Príncipe

Envolto na aura que lhe é conferida por seu poder, desfrutando do prestígio que acompanha sua função e controlando o aparelho de Estado, através do qual distribui honrarias e benesses, aumentando assim o número de seus dependentes, o Príncipe encontra-se numa posição que poderíamos considerar inexpugnável. Entrincheirado atrás das altas muralhas de sua cidadela institucional, ele deveria estar ao abrigo dos ataques de inimigos que, para desalojá-lo, teriam de dispor de poder bem superior ao seu. Por isso é que, como a relação de forças favorece aquele que se defende, jogando contra o que assume riscos ao atacar, o Príncipe esclarecido deve se preocupar menos com o que os inimigos gostariam de fazer do que com os acontecimentos, cuja sucessão amplia as chances que têm de levar a melhor sobre ele. É aí que reside, com efeito, a verdadeira, a única ameaça que pesa sobre o Príncipe, ameaça que por sinal lhe é intrínseca, projetando sua sombra sobre ele no instante em que acede à dignidade suprema.

A partir do momento em que chega ao poder, o Príncipe é investido das esperanças daqueles que deverá governar (basta pensar na onda de admiração que acompanhou em 2008 a eleição do presidente Barack Obama, apresentado como um autêntico salvador, não só nos Estados Unidos, mas em muitos outros países). Todos desejam paz, segurança, bem-estar e prosperidade. E, ao escolhê-lo ou simplesmente aceitá-lo, esperam que ele instaure condições propícias para seus próprios projetos de vida e seus planos de carreira; todos também esperam que ele preveja as vicissitudes que poderiam perturbar seus planos e atrapalhar sua vida, seja uma crise econômica, uma catástrofe natural, uma epidemia, uma invasão, um atentado, uma agressão na rua ou um simples corte do abastecimento de água ou energia. Caso contrário, se ainda assim essas vicissitudes sobrevierem, todos esperam que ele saiba administrá-las, de maneira a minimizar seu eventual impacto negativo.

No longo rio tranquilo que deveria ser a vida, todos contam com o Príncipe para ajudar a evitar correntes traiçoeiras, arrecifes inesperados, corredeiras imprevisíveis, trombas-d'água e outras emboscadas. Para eles, tudo deve estar sempre correndo à perfeição no melhor dos mundos possíveis, de maneira que possam calcular, prever e planejar com toda a tranquilidade, para que seus projetos se realizem e seus sonhos se tornem realidade.

E assim como os aventureiros ingleses de outros tempos, ao enfrentarem a fúria dos oceanos distantes perseguindo galeões espanhóis ou portugueses, submetendo marajás indianos ou montando pequenos reinos mercantis no litoral chinês, tinham em mente um só objetivo, um único sonho, voltar um dia para casa, comprar uma pequena propriedade em Devon ou Kent e passar dias tranquilos merecendo o respeito geral, aceitos pela *gentry* do condado e, por que não, enobrecidos, senão ungidos, assim também, ao se agitarem hoje e se empenharem tanto, se esfalfando em busca de notoriedade e riqueza, empurrando e pisando uns nos outros e se acotovelando na tentativa de chegar cada vez mais alto, nossos contemporâneos igualmente têm em mente apenas alcançar uma tranquila panaceia. Como Oblomov de Gontcharov,[1] a esmagadora maioria na realidade aspira apenas a viver num mundo dourado, em que as habituais fases do dia e da noite, assim como as estações, haveriam de se suceder sem qualquer mudança nem incidente marcante, e no qual cada dia seria muito parecido com o anterior. O que desejam, antes de mais nada, é se sentir seguros e protegidos. Foi o que entendeu

---

1. Ivan Gontcharov, escritor russo (1812-1891). Seu personagem Oblomov, um indolente, ficou famoso e pode ter inspirado ao autor deste livro o personagem de Harry Boone, um espião preguiçoso, preocupado apenas com a própria tranquilidade e que é apanhado na tormenta da vida

muito bem George Orwell,[2] que afirmava que os homens sempre haverão de preferir, à qualidade de seres humanos, a de seres vivos, com tudo que tem de reconfortante e tranquilizador. E, consciente ou inconscientemente, eles têm o Príncipe como responsável e fiador.

Para entender essa lógica, precisamos voltar aos termos do pacto que aqueles de que se incumbe o Príncipe julgam ter firmado com ele. A partir do momento em que lhe deram seus sufrágios, no regime da democracia, eles consideram que, em contrapartida a essa alienação de sua liberdade em seu proveito (pois toda delegação de poder pelo voto não equivale a uma alienação da liberdade?), têm o direito de receber uma garantia de paz, segurança e prosperidade. E por sinal a coisa não é diferente, ainda na democracia, em relação àqueles que deram seus sufrágios ao rival. A partir do momento em que reconheceram sua vitória, suas exigências não serão menores que as de seus partidários. Da mesma forma, num regime despótico, a partir do momento em que os súditos do Príncipe se submetem a sua autoridade e se eximem de pegar em armas contra ele, esperam que pelo menos proteja sua vida e seus bens.

Era assim na noite dos tempos, quando os homens exigiam que os Príncipes comandassem, fosse o sol

---

2. George Orwell, escritor inglês (1903-1950), autor de *1984*, em que vamos encontrar a figura, que ficaria célebre, do *Big Brother*.

que ilumina, o fogo que aquece, a terra que nutre, a água que fertiliza, os ventos que sopram as velas e fazem avançar o navio; e, o mesmo acontece hoje, quando as pessoas esperam que o Príncipe, se não propriamente comande, pelo menos ficalize a economia, a tecnologia, a ecologia, o consenso interno propício à segurança e à harmonia, as trocas internacionais que geram prosperidade e até mesmo a natureza, agora submetida e encarada apenas como "meio ambiente". É sem dúvida por esse motivo que os homens muitas vezes deram retrospectivamente a um período em que tudo parecia correr bem o nome de determinado Príncipe. É o caso dos ingleses, que, voltando-se para o reinado de Elizabeth I, quando foram lançadas no século XVI as bases de seu futuro poderio e de sua prosperidade, ainda hoje falam com nostalgia da "época de ouro elizabetana".

O reverso dessa medalha com a efígie do Príncipe, que serve ao mesmo tempo de símbolo e garantia de segurança, estabilidade e prosperidade, é, naturalmente, que ele seja apontado toda vez que o contrato que os homens julgam ter assinado através dele com a natureza, a divindade, a Fortuna ou as leis do mercado é rompido em seu prejuízo. Assim foi que, em tempos já bem distantes, certos Príncipes tiveram de pagar com o trono, se não com a vida, o preço de um eclipse solar, de uma seca, de uma inundação, de uma escassez alimentar ou de uma epidemia vista como maldição e punição dos deuses. O mesmo acontece hoje, quando vemos os Príncipes sendo responsabilizados, se não por um eclipse solar, pelo menos pelo índice de desemprego que aumenta, pela inflação galopante ou pela insegurança urbana.

No que diz respeito à queda do poder aquisitivo ou à perda do emprego, todo mundo sabe muito bem que o Príncipe não determina as leis de uma economia e de um mercado hoje liberalizados e globalizados. O que não impede ninguém de culpá-lo. Foi o que aconteceu recentemente na França, quando Nicolas Sarkozy, eleito em 2007 com a promessa de ser "o presidente do poder aquisitivo", viu desmoronarem sua popularidade e a confiança nele depositada ao mesmo tempo que caíam as bolsas e o sistema bancário vacilava. Da mesma forma, à pergunta "Hoje você vive melhor que há quatro anos?", feita aos americanos numa pesquisa de opinião *USA Today/Gallup* três meses depois da eleição presidencial de novembro de 2012, 55% responderam não e, além disso, 60% consideravam o presidente em exercício, Barack Obama, responsável pelo marasmo econômico que enfrentavam.

No mesmo sentido, acerca da insegurança, e muito embora se saiba perfeitamente que a absoluta eliminação de roubos, assaltos à mão armada, atos de vandalismo e assassinatos seria irrealista, as pessoas de boa consciência não conseguem se impedir de culpar o Príncipe, sob cuja égide ocorrem tais desgraças. "Onde é que está a polícia?", pergunta invariavelmente a imprensa popular toda vez que, num filme B, as investigações para prender um assassino em série não saem do lugar.

Diante de um acontecimento que afete sua integridade corporal (um acidente ferroviário, uma epidemia ou uma agressão armada), ponha fim a sua carreira (uma recessão econômica) ou simplesmente interfira em seus hábitos (uma greve de transportes ou uma pane setorial do abastecimento de energia durante a transmissão de uma partida crucial para seu time de futebol), é natural que os homens saiam em busca de um bode expiatório sobre o qual jogar a responsabilidade de suas desgraças e contrariedades. E haveria melhor cabide para pendurar o casacão de seus sonhos frustrados, de suas ambições abortadas e mesmo de seus percalços cotidianos senão o Príncipe?

Ao introduzir o desconhecido e o descontínuo onde prevaleciam o conhecido e o contínuo, o acontecimento, por mais insignificante, afronta as populações, atrapalha sua rotina, compromete seus planos e lembra o quanto tudo aquilo que já davam como certo pode ser questionado a qualquer momento.

Tomemos por exemplo alguém que volte para casa depois de um duro dia de trabalho pensando exclusivamente em tomar um bom banho. Quando esse indivíduo abre com um gesto distraído a torneira da banheira, a relação de causa e efeito entre seu gesto negligente e a água benfazeja que começa a correr é em si mesma um acontecimento, especialmente se levarmos em conta todo o trabalho necessário para captar essa água, tratá-la, filtrá-la e levá-la até ele. Mas em nenhum momento, quando a água obedece a seu comando, essa pessoa fica espantada, como tampouco lhe terá passado pela cabeça agradecer a todos que a produziram e depois a encaminharam até sua banheira. Longe disso, ela terá dado tudo isso por certo, e a relação de causa e efeito entre o gesto que fez para abrir a torneira e a água que começou a correr é para ela um não acontecimento. Em compensação, se a mesma pessoa, voltando para casa à noite e ansiosa para tomar um banho, abrisse a torneira e nada acontecesse, recusando-se a água corrente obstinadamente a atender ao seu comando, ela estaria diante de um autêntico acontecimento, uma contrariedade, e naturalmente xingaria a companhia de abastecimento, que, privando-a de seu banho no momento em que tanto precisava, terá a seus olhos deixado de cumprir suas obrigações de "Príncipe das águas".

E quando o acontecimento assume uma forma dramática, deixa em pedacinhos os sonhos humanos, leva os indivíduos a duvidar de si mesmos e das prioridades que haviam estabelecido, mina sua confiança no futuro e, alimentando neles um sentimento de impotência e injustiça, insufla sua raiva, transformando-os em insatisfeitos.

É claro que, a partir do momento que encaram as coisas com sensatez, os indivíduos se dão conta de que o que lhes acontece muitas vezes não passa da consequência de suas próprias escolhas de vida e de carreira, de suas próprias insuficiências, de suas falhas, se não da simples falta de sorte. Apesar disso, uma força obscura e misteriosa inexoravelmente os leva a culpar o Príncipe por tudo que lhes acontece de ruim. E o fazem, naturalmente, por sentir necessidade de apontar um responsável e se eximir com a total transferência de responsabilidade, mas o fazem também para se tranquilizar. Os brados que então emitem, suas queixas, cartas de protesto, comícios de indignação e manifestações não passam de tentativas de preencher com a fala e as palavras o vazio deixado pelo acontecimento de que teriam sido vítimas. Estavam convencidos de que sua vida projetada seria um longo discurso coerente, um fluxo constante de sons tranquilizadores, uma espécie de música de fundo que os acompanharia aonde quer que fossem, enfeitando sua vida e conferindo-lhe um sentido, sempre voltado para a frente. Mas eis que, com a erupção do acontecimento que não esperavam, eles se dão conta brutalmente de que a vida nem sempre transcorre de maneira lógica, coerente e contínua: na melhor das hipóteses, ela se limita, como tão bem dizia Sándor Márai,[3] a gaguejar.

Acontece que essa gagueira da vida lhes é insuportável. Para não ter de ouvi-la mais, eles tinham apostado no Príncipe, incumbindo-o de tocar um concerto de Bach ou de cantar uma ária de Mozart, já que para eles a coerência e a harmonia da música principesca devia levar a melhor sobre os imprevistos da existência. Mais cedo ou mais tarde, contudo, com ajuda da proliferação de imprevistos, acabam por se dar conta de que, longe de ser um maestro executando ao piano um concerto de Bach ou um tenor cantando uma ária de Mozart, o Príncipe é na melhor das hipóteses um "relé", emitindo aos solavancos algo que antes poderia se assemelhar à *Ária do frio*, de Purcell. E é precisamente isso que lhes dá calafrios, e que tanta dificuldade têm de aceitar. Transformam-se então em insatisfeitos, voltam-se contra o Príncipe e assim fazem o jogo de seus inimigos.

Não que devamos censurá-los por isso. Com efeito, eles nada mais fazem que seguir a própria natureza, mostrando com isso que têm sede de viver. "Atacar os deuses e os homens é próprio de alguém que quer viver", disse o imperador romano Otão no momento em que

---

[3]. Um dos maiores escritores húngaros do século XX, nascido em 1900, faleceu nos Estados Unidos em 1989, após mais de quarenta anos de exílio.

ia se suicidar, diante dos amigos espantados com sua serenidade na adversidade.⁴ Acontece que o homem comum tem tanta sede de imortalidade quanto o Príncipe.

Antes mesmo de se prevenir contra rivais e inimigos ansiosos por derrubá-lo, portanto, o Príncipe esclarecido vai se precaver em face dos acontecimentos, quaisquer que sejam, pois, provocando marolas no plácido lago do seu poder, eles perturbam a superfície lisa na qual se reflete o sol radioso de sua majestade.

Sentado no alto do Estado, que, como tão bem nos diz sua etimologia (*status*), deriva sua força da própria impassibilidade e da ausência de todo o movimento, o Príncipe deveria a todo momento fazer seus esses versos de Baudelaire:⁵

Je trône dans l'azur comme un sphinx incompris;
J'unis un coeur de neige à la blancheur des cygnes;
Je hais le mouvement qui déplace les lignes,
Et jamais je ne pleure et jamais je ne ris.*

Ora, o acontecimento, seja de que natureza for, necessariamente produz movimento. Esse movimen-

---

4. Otão (Marco Otão César Augusto), imperador romano, reinou apenas três meses, entre janeiro e abril do ano 69.
5. Charles Baudelaire (1821-67). Esta quadra é do seu poema "La Beauté" [A beleza].
* Eu pontifico no azul como esfinge incompreendida;/ Combino um coração de neve e uma brancura de cisne;/ Odeio o movimento que desloca as linhas,/ E nunca choro nem nunca rio. (*N. do T.*)

to vai então deslocar as linhas de força da estrutura estática sobre a qual repousa o poder do Príncipe, obrigando-o a rir ou chorar, ou pelo menos a fazer uma careta, o que, reconheçamos, nada tem de principesco.

Existem acontecimentos promissores do ponto de vista do Príncipe?

Reconheço que nunca será fácil convencer o Príncipe, certo de que nasceu com uma boa estrela e de estar nas graças da Fortuna, a desconfiar dos acontecimentos, quaisquer que sejam. "Esses acontecimentos a que se refere", dirá, "são acontecimentos funestos, acidentes infelizes: golpes do destino, como um terremoto, uma derrota militar ou uma debacle financeira. Mas a vida política também é feita — felizmente, por sinal — de acontecimentos propícios, como uma vitória militar, uma grande comemoração popular ou uma balança comercial superavitária. Ora, em vez de me desservir, fazendo o jogo de meus inimigos, esses acontecimentos me servem, aumentando meu prestígio e minha autoridade. Afinal de contas", prosseguirá ele, "minha própria chegada ao poder, seja por voto democrático, por herança dinástica ou por golpe de força oligárquico, não importa — sim, não importa! —, minha própria chegada ao poder, como dizia, não representaria ela própria um acontecimento? O acontecimento feliz por excelência? Por que então deveria eu desconfiar sistematicamente dos acontecimentos? Com certeza", objetará, "devemos distinguir entre os acontecimentos infelizes, nefastos, desagradáveis, de um lado, e, de outro, os acontecimentos felizes, favoráveis, agradáveis."

Eu responderia ao Príncipe lembrando justamente que sua chegada ao poder só terá sido um acontecimento "feliz" para ele na medida em que ainda não era Príncipe, mas um descontente ambicioso. Ou então, se o Príncipe da época fosse seu próprio pai, um herdeiro bem impaciente. E digo impaciente porque, se não o fosse, teria antes mencionado o acontecimento "infeliz" representado pela perda do pai, acontecimento "infeliz" que justamente se confunde com o acontecimento "feliz" de sua súbita chegada ao poder.

Na realidade, feliz, infeliz, favorável, nefasto, agradável e desagradável são conceitos puramente subjetivos e mesmo sentimentais. Ou, como escrevia Agota Kristof,[1] as palavras que definem sentimentos são muito vagas e carecem de precisão e objetividade, mais valendo evitar sua utilização e ater-se à descrição fiel dos fatos: "É proibido escrever, por exemplo", diz ela: "'A vovó parece uma feiticeira'; mas é permitido escrever: 'As pessoas chamam vovó de feiticeira.' É

---

1. Escritora húngara (1935-2011) que viveu na Suíça e escreveu a maior parte de sua obra em francês, sua língua de adoção.

proibido escrever: 'A cidadezinha é bonita', pois a cidadezinha pode ser bonita para nós e feia para alguma outra pessoa."

Por isso é que, preparando-me aqui para evocar os diferentes tipos de acontecimentos, não vou distinguir entre acontecimentos "felizes" e acontecimentos "infelizes", acontecimentos "agradáveis" e acontecimentos "desagradáveis", acontecimentos "favoráveis" e acontecimentos "nefastos". Além disso, considerando-se a incidência dos modernos recursos tecnológicos sobre a natureza e, em sentido inverso, a incidência que a própria natureza passou a ter sobre nossos recursos tecnológicos, tampouco vou estabelecer diferença entre acontecimentos que têm causas naturais e aqueles que seriam instigados pelos homens. Posicionando-me exclusivamente na perspectiva da interação entre o Príncipe e o acontecimento, qualquer que seja, adotarei uma tipologia puramente funcional, distinguindo muito simplesmente entre os acontecimentos suportados pelo Príncipe contra a vontade, os que ele próprio poderia suscitar e aqueles que acaso receba como legado dos antecessores. Terei assim condições de melhor apreciar, além da dimensão puramente humana e psicológica, a dimensão política de um acontecimento, melhor refletindo sobre a conduta que o Príncipe deve adotar diante dele, de acordo com o caso.

Acontecimetos que contrariam a vontade do Príncipe

Por acontecimentos suportados, refiro-me aos que ocorrem a despeito da vontade do Príncipe, que devem por ele ser enfrentados em sua condição de fiador da ordem e da harmonia, e que de qualquer maneira ele terá de administrar da melhor maneira possível, segundo seus interesses.

Incluirei nessa categoria os flagelos, como tsunamis, erupções vulcânicas, furacões, dilúvios e inundações, ondas de calor e secas, fome, frios polares, epidemias e terremotos. Acrescentarei os atos de guerra, como invasões, destruições, pilhagens e sabotagens, provocados pelo inimigo externo; desordens internas, como atentados terroristas, atos criminosos, sublevações, greves selvagens, movimentos subversivos, grandes falências fraudulentas e atos de demência, como a piromania e os assassinatos em série; e finalmente as grandes catástrofes ligadas aos transportes terrestres, marítimos e aéreos.

É claro que estaríamos no direito de pensar que, mesmo atribuindo a ele parte da responsabilidade pela insegurança física (por exemplo, em caso de atentado) ou econômica (por exemplo, em caso de recessão) que os acometesse, os cidadãos do Príncipe, ou seus súditos, de qualquer maneira haveriam de isentá-lo de toda a responsabilidade nas catástrofes naturais que sobre eles se abatessem. Ao contrário do que acontecia em épocas antigas, com efeito, todos sabemos muito bem que o Príncipe não comanda as forças da natureza. Caberia supor, assim, que não chegariam a culpá-lo por um tsunami. Acontece que, mesmo num caso assim, sua responsabilidade de Príncipe é invocada, especialmente em virtude da dependência quase total da sociedade moderna em relação à tecnologia e da vulnerabilidade desta diante das catástrofes naturais e das condições climáticas extremas. A interação entre a atividade humana e os fenômenos naturais é hoje de tal ordem que se exige que o Príncipe responda por tudo, inclusive pelos fenômenos que antes deveriam dizer respeito à fatalidade ou à divindade. Disso dão mostra o debate que há anos se trava em torno do aquecimento climático e do efeito estufa, assim como o que trata da questão da energia nuclear depois do acidente de 2011 na central japonesa de Fukushima, atingida em cheio por um terremoto e um tsunami.

Na realidade, qualquer que seja o terreno — político, econômico, militar, climático, de segurança, alimentar —, a responsabilidade do Príncipe pelos golpes do destino passou a ser inevitavelmente invocada. É bem verdade, como dizia há pouco, que ninguém hoje pensa mais em estabelecer um vínculo de causa e efeito entre uma calamidade e a pessoa do Príncipe, que, com sua conduta imoral ou a maldição que por acaso sobre ele pesasse, teria provocado a ira dos deuses. Mas isso ocorre apenas porque a visão que temos das causas dos desastres mudou. O Príncipe, de sua parte, nem por isso vem a ser eximido. Pode-se até dizer que se dá o contrário, pois o que antes era atribuído ao Destino, ao qual ninguém podia escapar (o caso de Édipo, condenado antes mesmo de nascer a matar o pai e a desposar a mãe), passou a ser atribuído ao livre-arbítrio do Príncipe. Ora, quem diz livre-arbítrio diz ausência de atenuantes, o que exclui qualquer compaixão e indulgência.

No *Édipo rei* de Sófocles,[1] quando a verdade vem à tona para o herói, seus concidadãos são tomados de piedade: "Como eu gostaria que nada tivesses sabido!", canta então o coro. Não há aqui nenhum ressentimento, os concidadãos de Édipo não o acusam, antes lamentam seu destino e se compadecem dele: "Tua alma te tortura tanto quanto tua desgraça." Assim não acontece, infelizmente, com os Príncipes

---

1. Autor grego de tragédias no século V a.C. Tragédia na qual Édipo mata o pai e comete incesto com a mãe, embora involuntariamente e sem sabê-lo.

de hoje, longe disso. Os homens passaram a buscar a causa de seus problemas nas decisões conscientes do Príncipe: suas escolhas sociais a partir do momento em que as exigências da economia de mercado, do crescimento e da competitividade provocam demissões; suas decisões tecnológicas a partir do momento em que uma represa cede à pressão da água ou um terremoto provoca um vazamento num reator nuclear; suas escolhas de alianças internacionais a partir do momento em que a violência exercida por ele contra terceiros se volta para seu povo. Assim, depois dos atentados de inspiração islâmica radical que atingiram Madri em março de 2004, os eleitores espanhóis rapidamente estabeleceram uma relação de causa e efeito entre os ataques e a política externa agressiva do governo do primeiro-ministro José María Aznar, fizeram uma distinção entre os culpados (os terroristas islâmicos) e os responsáveis (seu próprio governo) e, sem deixar de condenar aqueles sem rodeios, não tiveram piedade por esses nas eleições que se seguiram.

Afinal de contas, a sociedade moderna paradoxalmente fortalece a tendência a invocar a responsabilidade do Príncipe nas causas de um golpe do destino. Pois quanto mais os homens vivem bem e confortavelmente, mais são paparicados e mimados, e mais encontram dificuldade de suportar a injustiça do destino.

Como seu irmão se queixasse de que os concidadãos tinham menos consideração por ele que pelo monarca, Teleclo,[2] rei de Esparta, respondeu-lhe: "É porque você, meu irmão, não é capaz de se submeter à injustiça, e eu sim." Com efeito, a indiferença perante a injustiça era um ideal entre os espartanos, que em suas orações sempre faziam a promessa de saber suportá-la. Mais perto de nós, quando o presidente egípcio Gamal Abdel Nasser[3] anunciou na primavera de 1967 que pretendia impor um bloqueio do porto israelense de Eilat, o primeiro-ministro de Israel, Levi Eshkol,[4] opôs-se ferozmente aos generais belicosos que pretendiam lançar um ataque preventivo contra o Egito, respondendo à injustiça com outra injustiça. Chamado de covarde e indeciso, criticado nos jornais, vilipendiado pela opinião pública e acuado a uma posição minoritária no seu próprio partido, Eshkol nem por isso deixou de aceitar estoicamente, em nome de seus princípios e da ideia que tinha do Estado de Israel, essa outra injustiça que seus próprios generais

---

2. Rei ágida de Esparta no século IX a.C. Esparta tinha dois reis que reinavam juntos, um ágida, outro euripôntida, ambos descendentes de gêmeos gerados por Héracles.
3. Militar e estadista egípcio (1918-1970), liderou a revolução de julho de 1952 que derrubou a monarquia e dirigiu o Egito de 1956 até morrer de uma crise cardíaca.
4. Levi Eshkol, estadista israelense nascido na Ucrânia em 1895, terceiro primeiro-ministro do Estado de Israel, de 1963 até morrer de uma crise cardíaca em 1969.

e seus concidadãos lhe impunham depois da injustiça cometida por Nasser.

Quanto menos formos capazes de suportar a injustiça, mais teremos de encontrar um culpado, se não um responsável. Tanto mais que somos muito mais voluntaristas e muito menos fatalistas que nossos antepassados. É bem verdade que enquanto as coisas vão bem para nós, como não acreditamos no *maktub*,[5] convencemo-nos de que controlamos nosso destino. Mas, a partir do momento em que sobrevém um infortúnio, queremos a qualquer preço saber sua razão. E se essa razão foge ao nosso entendimento, achamos mais razoável (uma questão de modernidade!) culpar o Príncipe do que botar a culpa na fatalidade, na qual não acreditamos, ou em Deus, no qual acreditamos ainda menos. Paradoxalmente, a fatalidade nunca terá pesado tanto sobre o Príncipe quanto a partir do momento em que os homens se tornaram menos fatalistas.

Mesmo quando a responsabilidade do Príncipe não é invocada a propósito das causas de um golpe do destino, não deixa de sê-lo quanto a seus efeitos, sua gestão do acontecimento. Pois agora o Príncipe é um administrador. Para retomar uma distinção estabelecida por Gilles Deleuze e Félix Guattari, se hoje são raros os Príncipes que ainda podem ser considerados

---

5. Destino (ou predestinação).

reis-mágicos, que atam e desatam com um só gesto, pela conquista, sedução, magia ou direito divino, a esmagadora maioria deles é de padres-juristas, que controlam e gerem em vez de ligar, já que seu poder depende sobretudo de sua capacidade de gerir ao longo do tempo. Na mesma medida em que o Príncipe padre-jurista só reinaria por ser capaz de administrar, espera-se dele que administre da melhor maneira possível os efeitos que uma catástrofe pode ter sobre seus concidadãos, que não são, como acontece com o rei-mágico, seus súditos, mas seus administrados. E se ele fracassar nessa missão, seu prestígio e sua autoridade são afetados.

Rei-mágico, o presidente egípcio Gamal Abdel Nasser sobreviveu politicamente à derrocada de seu exército diante dos israelenses em junho de 1967, e sua popularidade junto ao próprio povo nada sofreu. Já o primeiro-ministro britânico Neville Chamberlain,[6] padre-jurista, pagou um preço político altíssimo por ter tentado contemporizar com Adolf Hitler quando não parecia o mais indicado.

E por sinal a necessidade premente que hoje o Príncipe sente de tudo gerir e controlar aumenta sua responsabilidade no acontecimento, qualquer que seja. Rei-mágico, o Príncipe de outras eras tinha, é

---

6. Estadista britânico (1869-1940), líder do Partido Conservador, primeiro-ministro de 1937 a 1940.

verdade, direito de vida e morte sobre seus súditos, mas no cotidiano, na medida em que esses súditos pagassem o imposto e evitassem rebelar-se contra sua autoridade, ele os deixava viver como quisessem (ou como pudessem). Não é o que acontece com o Príncipe de hoje, que se apresenta como padre-jurista. Ele não se interessa realmente pelo direito de vida e morte sobre as pessoas. O que lhe interessa em compensação, e mesmo o interessa muito, é ensinar às pessoas como viver e controlar suas vidas no cotidiano. Para isso, promulga leis sem descanso. Se o lema do rei-mágico é "Seduzo, logo existo", o do padre-jurista sem dúvida é "Legislo, logo existo". É também sua razão de ser.

"Muito bem", diz-lhe aquele que por ele é governado e administrado. "Você quer então me dizer o que comer, o que beber, por que devo parar de fumar, como me deslocar, que automóvel comprar, como lidar com meus dejetos, a quem cortejar e como fazer amor, o que pensar e em que termos me expressar. Gostaria de controlar e regulamentar minha vida. Nesse caso, então, dê um jeito também para que nada de ruim me aconteça nunca, e se para mim se tornou impossível continuar sendo um ser humano, pelo menos faça com que eu continue vivo." E quando sobrevém uma grande desgraça e o padre-jurista deixa de cumprir esse dever, seus administrados se voltam contra ele, dizendo: "Como assim?! Você nos obriga a parar de fumar, mas permite que sejamos contaminados pelas irradiações de Chernobyl e Fukushima! Força-nos a usar cinto de segurança no carro, mas permite que sejamos aniquilados por carros-bomba de terroristas!"

Ao tentar tudo controlar, tudo regulamentar, o Príncipe de hoje se coloca, como vimos, numa posição de fragilidade no momento em que um acontecimento escapa a seu controle e a sua gestão. Seus administrados chegam então à conclusão de que, a despeito do que diga ou prometa, o Príncipe na realidade nada controla, pois se perde nos detalhes (cinto de segurança, tabagismo, fala politicamente correta e até padronização dos caixões) e passa ao largo do essencial.

Ora, como já expliquei, em virtude da nova realidade do mundo, do aumento da população mundial, de suas necessidades, exigências e anseios, e também pelo fato de o espaço encolher e a história acelerar, os acontecimentos imprevisíveis e seus efeitos haverão de se multiplicar, fragilizando ainda mais o Príncipe, cuja responsabilidade está agora empenhada em toda e qualquer coisa.

Acontecimentos voluntariamente provocados pelo Príncipe

Refiro-me aqui aos acontecimentos que o Príncipe tenha ele próprio desejado e provocado, seja na expectativa de que sirvam a seus propósitos, reforçando sua aura e seu poder, seja em reação a um ataque ou a uma provocação dos inimigos.

Incluirei nessa categoria acontecimentos solenes, como grandes casamentos principescos, manifestações culturais importantes, reuniões de cúpula, conferências de paz e eventos esportivos como as Olimpíadas e a Copa do Mundo de futebol, guerras de conquista ou expedições militares de caráter punitivo ou preventivo contra um inimigo mais ou menos distante, batidas policiais no próprio território contra grupos terroristas ou subversivos, ou ainda contra o crime organizado, golpes de Estado como a dissolução do Parlamento e a convocação de eleições antecipadas, assim como grandes reformas com o objetivo de sanear as finanças públicas, estimular o crescimento ou modernizar a sociedade.

Ao contrário dos acontecimentos que tivesse de suportar (uma catástrofe natural, por exemplo, ou a quebra da Bolsa), estes naturalmente não seriam imprevisíveis nem inesperados para o Príncipe, pois ele próprio os teria suscitado. E muito menos seriam temidos, pois os teria desejado. Em princípio, portanto, ele deve poder acompanhá-los sem dificuldade. Em princípio. Na realidade, contudo, eles podem ser tão carregados de riscos para ele quanto os que lhe são impostos. Por quê?

Porque os acontecimentos, *todos* os acontecimentos, têm esse perverso prazer de proliferar fora de qualquer controle, e, assim como uma pessoa muito inteligente pode gerar rebentos sem muito brilho, assim também um acontecimento desejável terá tendência, ao impacto de um golpe do destino ou da intervenção de indivíduos que se empenhem em desviá-lo em proveito próprio, a gerar acontecimentos indesejáveis.

Assim foi que o majestoso casamento do príncipe Charles, herdeiro da Coroa da Inglaterra, com Lady Diana Spencer, promovido em 1981 como um acontecimento de relações públicas em escala mundial, destinado a recompor o prestígio da monarquia britânica com ampla cobertura dos meios de comunicação, acabou num autêntico pesadelo para a dinastia dos Windsor: pesadelo que só seria esquecido com um outro grande casamento principesco realizado trinta anos depois, justamente o do filho gerado por esse casamento "maldito".

A realização de uma reunião de cúpula do G8, do G10 ou do G20 sistematicamente oferece aos críticos da globalização a oportunidade de criar, por contágio, seu próprio acontecimento, para propor "uma outra" globalização.

A grande festa internacional do esporte que deveriam ser os Jogos Olímpicos de Munique em 1972 se transformou em tragédia quando terroristas palestinos se aproveitaram para sequestrar e massacrar atletas israelenses.

Os Jogos Olímpicos de Moscou em 1980, que deveriam servir aos interesses da liderança soviética, tiveram um efeito oposto ao serem boicotados pelos países ocidentais.

Nos Jogos Olímpicos de Berlim em 1936, a vitória de um atleta americano negro estragou a grande festa ariana pretendida pelo regime hitlerista.

Em 2012, o Grande Prêmio de Fórmula 1 do Bahrein se voltou contra a família reinante que o tinha organizado como uma manifestação de prestígio a serviço de seus interesses, pois a oposição xiita valeu-se dele para divulgar pelos meios de comunicação o conflito interno que sacode esse pequeno reino da Península Arábica.

A demissão de um colaborador por demais ambicioso pode transformar um antigo assessor em perigoso conspirador. Foi o que aconteceu recentemente no Senegal, quando um primeiro-ministro demitido acabou substituindo o Príncipe à frente do Estado. "Mais vale mantê-lo na tenda para que urine para fora do que mantê-lo fora da tenda e vê-lo urinar para dentro", diz um ditado político anglo-saxônico.

Em 1982, a invasão das Malvinas pela junta argentina, querendo explorar em proveito próprio a fibra patriótica, transformou-se em derrocada militar, apressando a queda da referida junta.

Ao resvalar para a violência, a interpelação de um delinquente pela polícia britânica em Londres, no verão de 2011, provocou violentas manifestações em todo o país que duraram vários dias.

As tentativas do presidente Nicolas Sarkozy de "cortar gordura" da sociedade francesa para torná-la mais competitiva acentuaram a fratura social na França, acabando por lhe custar a reeleição em 2012.

E no entanto Nicolau Maquiavel já advertia para o enorme risco de o Príncipe querer inovar demais: "Nada é de mais difícil condução", escrevia ele, "nada é de êxito mais hipotético e de mais arriscado manejo que assumir a chefia introduzindo novidades: pois o introdutor de novidades transforma em inimigos todos aqueles que estavam bem com o antigo estado de coisas, e por outro lado terá bem fracos defensores naqueles que ganham com a nova situação."[1]

Caráter perigoso da novidade e portanto do acontecimento, atestado pelo fato de que, mesmo quando o Príncipe julga ter alcançado seu objetivo, muito tempo depois de terem sido entoados cantos de vitória, pode acontecer que uma reviravolta da sorte venha lembrar-lhe que sua vitória deixa um gosto bem amargo.

Assim, se a vitória do exército israelense na guerra de junho de 1967 foi incontestável, os territórios conquistados nessa guerra-relâmpago ainda hoje representam um enorme peso para o Estado hebraico, envolvido num conflito insolúvel com os vizinhos e as populações dos territórios ocupados.

Assim também, embora a intervenção militar ocidental de 2011 na Líbia tenha sido coroada de êxito, pois provocou a queda do coronel Kadafi, nem por isso deixou de ter como efeito perverso a disseminação dos arsenais líbios em toda a região (inclusive mísseis terra-ar que os ocidentais desde então vêm tentando comprar a peso de ouro) e um considerável aumento da instabilidade, tanto na Líbia quanto nos países da região do Sahel.

Da mesma forma, embora a invasão ocidental do Afeganistão em 2001 e a do Iraque em 2003 fossem

---

1. *O Príncipe*, capítulo 6.

laureadas, pois provocaram a queda do regime dos talibãs e a de Saddam Hussein, nem por isso deixaram de ter como efeito perverso o reforço do regime iraniano dos mulás (igualmente detestado pelo Ocidente), ao livrá-lo de seus dois principais inimigos na região: os talibãs a leste e Saddam Hussein a oeste.

Quanto à bem-sucedida exportação da democracia dos Estados Unidos para o Iraque, ela serviu para atomizar a sociedade iraquiana, mergulhar o país na guerra civil e causar, entre mortos e feridos, mais de um milhão de vítimas na população. De tal maneira que a maioria dos iraquianos hoje considera que a vida sob a ditadura de Saddam Hussein era muito mais suportável. A esse respeito, Antígono, o Caolho, um dos generais macedônios entre os quais fora partilhado o império de Alexandre quando de sua morte, passou a reinar, como Saddam Hussein, a ferro, fogo e sangue sobre seu poderoso reino da Ásia Menor, até ser derrotado pelos outros diádocos na batalha de Ipsos, no ano 301 antes da nossa era. Depois de sua morte, no entanto, os vencedores, segundo nos relata Plutarco,[2] lutaram entre si e provocaram tanta ruína no país que certo dia se viu um

---

2. Historiador e pensador grego, nascido em 46, morto em 127. Todos os provérbios antigos citados neste livro são extraídos de suas *Oeuvres complètes*, e também dos *Annales* e das *Histoires* do historiador romano Tácito (nascido em 56, morto em 117), publicados, na França, pelas editoras Loeb Classical Library e Belles Lettres.

camponês frígio cavando como um louco um grande buraco na terra. Quando lhe perguntaram: "Mas que diabos está fazendo?", ele respondeu, soluçando: "Estou procurando Antígono!"

Ainda mais arriscados, na categoria dos acontecimentos suscitados voluntariamente pelo Príncipe, são os desencadeados por ele mesmo, só que em reação a uma ameaça ou à provocação dos inimigos. E eles são muito perigosos sobretudo porque, reagindo no calor dos acontecimentos, e às vezes até sob influência da raiva ou movido por um desejo de vingança, o Príncipe muitas vezes não terá refletido o bastante sobre os efeitos de sua decisão. Como consequência, o controle do encadeamento de acontecimentos induzidos pelo evento original, ao qual ele reage, haverá de lhe escapar ainda mais.

Na verdade, a expedição de retaliação lançada em 2001 pelos Estados Unidos horrorizados com os talibãs, embora tenha alcançado os objetivos declarados (a saber, puni-los por terem dado acolhida aos instigadores dos atentados do 11 de Setembro e privar a al-Qaeda de seu santuário afegão), teve como efeitos perversos reforçar o sentimento antiocidental nos países muçulmanos, aumentando assim consideravelmente o aquário onde os terroristas podiam pescar, e contribuir para a disseminação de uma al-Qaeda já então atomizada em todo o mundo, o que tornou ainda mais difícil sua localização e neutralização.

Em 1991, quando os elementos mais conservadores do Partido Comunista da União Soviética ficaram indignados (ah, quando somos tomados de indignação!) e se insurgiram contra a política de reformas do Príncipe, e mais recentemente, no Mali, quando militares encolerizados (ah, cólera, quando tomas conta de nós!) se amotinaram e tomaram o poder, a coisa não foi adiante, gerando nos dois casos resultados diametralmente opostos aos esperados pelos golpistas.

Os drásticos planos de austeridade aprovados num clima de urgência e pânico por um Parlamento grego completamente superado pelos acontecimentos em 2011 e 2012, além de cego de pavor ante a hipótese de uma bancarrota que de fato podia se configurar, provocaram considerável agitação em todo o país, deixando em descrédito total a classe política grega e fazendo o jogo dos extremistas.

A decisão dos ex-presidentes Zine el-Abidine Ben Ali, da Tunísia, e Hosni Mubarak, do Egito, de reagir às manifestações espontâneas de hostilidade a seus regimes em 2010 com uma repressão sanguinolenta e impensada acarretou uma escalada de violência que acabou encerrando suas carreiras.

Mas, haverão de me objetar, será que por tudo isso não devemos reagir a uma ameaça, uma provocação ou uma humilhação? Um Príncipe deve deixar-se levar como um carneiro? Certamente que não. Mas ele deve ter sempre em mente que sua reação a uma ameaça, provocação ou humilhação nunca passará de um acontecimento induzido pelo evento original suscitado pelos inimigos, e que esse acontecimento induzido haverá de induzir outros mais adiante. Ora, como dizia Maquiavel, "o Príncipe não deve ter em vista apenas as desordens atuais, devendo também prevenir as que podem ser geradas pelo futuro".[3] Por isso é que, em vez de apenas reagir a um evento original suscitado pelos inimigos, o Príncipe deve empenhar-se em impedir o advento desse.

Seja como for, é sempre bom que ele se lembre de que, ainda que o tenha desejado e suscitado, ele entra em qualquer acontecimento como entraria num labirinto. E, como num labirinto, se sabe em que momento se entra, e jamais poderá saber quando sairá.

Mencionei há pouco o caso do primeiro-ministro israelense Levi Eshkol, que em 1967 se opôs ferozmente a Moshe Dayan[4] e aos demais generais israelenses, decididos a lançar sem demora um ataque contra o Egito, em vão lhes rogando que tentassem enxergar o impasse a que a adoção do princípio dos ataques

---
3. *O Príncipe*, capítulo 3.
4. Militar e político israelense (1915-1981) que foi chefe do estado-maior do exército israelense de 1955 a 1958, em especial durante a crise de Suez e a guerra de 1956 contra o Egito, além de protagonista preponderante da Guerra dos Seis Dias, quando foi nomeado ministro da Defesa.

preventivos levaria o povo judeu e o Estado de Israel. E a história com efeito haveria de lhe dar razão, pois a guerra preventiva iniciada em junho de 1967 contra o Egito abriu uma autêntica caixa de Pandora de acontecimentos a que Israel continua até hoje exposto (surgimento da OLP e, depois, do terrorismo palestino a partir de 1969, Guerra do Yom Kippur em 1973, sucessivas revoltas palestinas nos territórios ocupados, ascensão dos radicais islâmicos palestinos e do Hezbollah libanês), e aos quais o Estado hebraico insiste em reagir com ataques preventivos que por sua vez provocam outros acontecimentos. De tal maneira que não falta quem, enveredando pelo humor negro, deturpe o slogan do Departamento de Turismo israelense para lhe dar o seguinte enunciado: "Visite Israel... antes que seja visitado por Israel!"

Acontecimentos legados ao Príncipe

Refiro-me aqui a acontecimentos que não decorrem de atos do Príncipe nem lhe foram impostos pelo destino ou pelos inimigos, mas que, por assim dizer, lhe foram legados pelos antecessores. Enraizados no passado, esses acontecimentos nem por isso deixam de reverberar no presente, e portanto o Príncipe precisa administrá-los.

Incluo nessa categoria acontecimentos como os seguintes:

- antigas conquistas coloniais que deram origem a grandes impérios;
- feitos e realizações passados que moldaram a imagem que uma nação tem de si mesma (como por exemplo a ideia da "grandeza" da França ou de um Império Britânico "no qual o sol nunca se põe");
- guerras territoriais que acarretaram a anexação por um país de uma área de país vizinho (por exemplo, a ocupação de territórios árabes por Israel depois da guerra de junho de 1967);

- expedições de guerra, sejam preventivas ou punitivas (os americanos no Vietnã, no Iraque e no Afeganistão, e antes deles os soviéticos e os britânicos nesse mesmo Afeganistão);
- acordos e tratados que criaram fronteiras artificiais (como a partilha da África pelas potências coloniais ou das províncias orientais do Império Otomano depois da Primeira Guerra Mundial);
- conflitos que geraram ódio prolongado entre povos vizinhos (árabes e israelenses, turcos e armênios, abkházios e georgianos...);
- humilhações sofridas no passado e ainda amargadas (para a Alemanha, por exemplo, os termos do Tratado de Versalhes em 1919, para os palestinos, a *nakba*, ou catástrofe, de 1948, e, para os chineses, a Guerra do Ópio imposta pelas potências ocidentais no século XIX);
- guerras revolucionárias ou de libertação que concederam privilégios a determinados grupos em reconhecimento pelo seu papel na recomposição da nação (como a FLN argelina, o exército turco depois da Guerra de Independência e o Partido Comunista Chinês depois da Grande Marcha);
- lutas sociais que levaram à obtenção de direitos e conquistas (na Inglaterra e na França, o Estado previdenciário, ou, na Tunísia, o Código do Estatuto Pessoal de 1956, assegurando os direitos da mulher);

- finalmente, escolhas tecnológicas que geraram tendências carregadas de consequências a longo prazo (caso, na França, da opção pela energia nuclear como fonte privilegiada de abastecimento).

Já em 1945, com efeito, tanto na França quanto na Inglaterra, a questão de saber o que fazer com o império colonial herdado das conquistas passadas se impunha com grande força. Caberia dar mostra de pragmatismo e se desfazer sem mais demora das possessões ultramarinas, correndo o risco de perder a condição de metrópole e todas as vantagens políticas, militares, econômicas e financeiras daí decorrentes? Ou seria melhor agarrar-se a elas, com o risco de ser chamado à ordem pelas novas potências do momento, Estados Unidos e União Soviética, assim mostrando ao mundo inteiro que o rei, fosse inglês ou francês, agora estava nu (como se pôde constatar na Indochina, no caso dos franceses, na Índia, no caso dos ingleses, e em Suez nos dois casos)?

A resposta a esse cruel dilema não foi a mesma em Londres e Paris. Na Inglaterra, o Príncipe logo extraiu as necessárias lições do último grande conflito mundial, dando início mais rapidamente a um processo de descolonização, que em seguida transcorreu sem maiores conflitos, em parte graças à Guerra Fria. Autoproclamando-se fiel lugar-tenente do Príncipe americano, considerado o líder do campo ocidental, a ele se alinhou e também se apoiou nele. Pôde assim botar os poucos incidentes que inevitavelmente decorreram do processo de descolonização (especialmente na península da Malásia) na conta da Guerra Fria, compensando, graças a sua estreita aliança com os Estados Unidos, o que perdia de seu *status* ao dar independência às antigas colônias.

O Príncipe francês não fez nada disso. Ao contrário de seu *alter ego* inglês, de modo algum pretendia proteger-se sob as asas do líder americano ao fim do segundo grande conflito mundial. Antes pretendia afirmar sua identidade, proclamando assim alto e bom som sua independência, seu caráter excepcional e sua total soberania. Viu-se na incapacidade de conferir a sua política colonial uma dimensão ideológica supranacional (como a luta entre o império do Bem e o do Mal, entre o mundo livre e o mundo comunista) e de compensar a perda de *status* implicada na descolonização com um papel de maior destaque no âmbito do bloco ocidental (donde as disputas entre o general De Gaulle e a Otan). O resultado foi que a descolonização não transcorreu tão bem para ele quanto para o Príncipe inglês, que já se despira dos trajes imperiais para vestir os de simples escudeiro.

Afinal de contas, esse mesmo dilema se apresenta a partir do momento em que se levanta a questão para saber se uma nação, mesmo correndo o risco de queimar as asas, deveria manter-se fiel a seu glorioso passado, ou se não faria melhor moderando suas pretensões, ainda que com o risco de entrar em uma grande depressão.

> Chamadas ao longe, nossas frotas perecem;
> Nos promontórios e dunas, os tiros fenecem;
> Infelizmente, nossa glória de outrora
> Confunde-se com a de Nínive e Tiro agora!
> Poupa-nos por um tempo, ó Juiz das Nações.
> Para que não esqueçamos — para que não esqueçamos!

Como bem ilustram esses versos de Kipling, as nações, como os seres humanos, também entram em depressão. Entretanto, os exemplos francês e inglês parecem indicar que, embora o apego ao passado de glória continuasse igualmente enraizado em ambos os lados do Canal da Mancha, a perda da autoconfiança terá afetado menos a Inglaterra que a França.

Defrontando-se já na década de 1940 com a inelutável perda de sua influência no mundo, a Inglaterra logo adotou o perfil de uma Atenas valorosa apesar de envelhecida, passando com a mão trêmula a chama sagrada de seus valores e tradições aos Estados Unidos, que pareciam então surgir sob os traços de uma jovem e vigorosa Roma. Naturalmente, cabia a esta sustentar esses valores e tradições sempre mais alto e mais longe, propagando-os pelos quatro cantos do mundo.

"Voltem-se para o Poente, é lá que está a esperança!", proclamava Winston Churchill, em 1941, falando aos ingleses cercados pelos alemães. E pouco depois um de seus sucessores, Harold Macmillan,[1] se via no papel do sábio grego dando conselhos ponderados ao jovem imperador romano que atendia pelo nome de John Fitzgerald Kennedy.

O que significa que muito cedo o Príncipe inglês operou uma transferência de ego para o Príncipe americano, quando fez seus também os sucessos militares, diplomáticos, tecnológicos e econômicos deste, o que lhe poupou da grande depressão que poderia ter acompanhado seu declínio.

Não dispondo por sua vez de um irmão mais velho para fazer esse tipo de transferência, o Príncipe francês vivenciou de maneira mais difícil o hiato entre sua grandeza passada e seus meios atuais. Para não ter mais de decidir, acabou por se projetar na Europa e na Françáfrica,[2] esperando assim encontrar novos meios de se manter no alto da escala e cuidar do seu mal-estar existencial.

No caso, portanto, desses acontecimentos que lhes são legados como herança, trate-se de dívidas duvidosas ou patrimônio precioso, o mesmo dilema aguarda o Príncipe em todos os planos e terrenos.

---

1. Harold Macmillan (1894-1986) foi primeiro-ministro do Reino Unido de janeiro de 1957 a outubro de 1963.
2. Expressão que designa a relação pós-colonial doentia entre a metrópole francesa e suas antigas colônias africanas.

Seria o caso, tratando-se de um Príncipe israelense, de devolver aos vizinhos árabes territórios anexados em conquistas passadas (Sinai, Golã, Cisjordânia ou Jerusalém Oriental) em troca da paz, correndo o risco de se expor e também de perder uma parte da opinião pública? Ou seria melhor dar preferência a uma profundidade territorial estratégica (Golã) e a uma conquista extremamente simbólica (Jerusalém Oriental) sobre uma paz fria com os árabes?

Seria o caso, tratando-se de um Príncipe egípcio, de tentar cair nas graças do Príncipe americano fortalecendo laços com o antigo inimigo israelense, mesmo com o risco de ir de encontro ao profundo sentimento antijudaico da própria população? Ou seria melhor limitar-se a uma paz fria e manter a sintonia com a opinião pública, ainda que ao preço de perder ajudas americanas no valor de bilhões de dólares?

Seria o caso, tratando-se de um Príncipe americano, de assumir uma guerra externa impopular herdada de um antecessor (Nixon com o Vietnã de Kennedy, Obama com o Iraque de Bush), correndo o risco de perder uma parte cada vez maior da opinião pública? Ou seria melhor contemplar desde logo uma retirada sem tumulto antes da próxima eleição, ainda que aceite menor grau de controle e influência nesta ou naquela região do mundo?

Seria o caso, tratando-se de um Príncipe que também é membro do Conselho de Segurança da ONU, de respeitar as fronteiras internacionais decorrentes da partilha colonial, com o risco de assistir a uma proliferação de conflitos na Ásia e na África? Ou seria melhor jogar na lata do lixo da história o sacrossanto princípio da intangibilidade das fronteiras, ainda que veja numerosos países (Sudão, Líbia, Iraque, Argélia, Líbano, Síria) se estilhaçarem em outros tantos núcleos étnicos?

Seria o caso, tratando-se de um Príncipe turco, de aceitar uma Constituição que desde Ataturk reserva ao exército lugar privilegiado na vida política, com o risco de se manter refém dos militares? Ou seria melhor modificar a Constituição, correndo o risco de acuá-los?

Seria o caso, tratando-se de um Príncipe francês ou inglês, de questionar o Estado previdenciário, com o risco de provocar uma fratura social e distúrbios no país? Ou seria melhor eximir-se de tocar nas conquistas sociais, com o risco de se ver impedido de reformar a sociedade?

Seria o caso, tratando-se de um Príncipe tunisiano levado ao poder por uma onda eleitoral islâmica, de introduzir a sharia e revogar um Código do Estatuto Pessoal que assegura os direitos da mulher, com o risco de excluir os amigos ocidentais do país e lançar o turismo na ruína? Ou seria melhor adiar semelhante decisão, decepcionando a base eleitoral?

Seria o caso, tratando-se de um Príncipe francês, de reduzir a contribuição nuclear para a produção de energia, com o risco de afastar poderosos grupos de pressão industriais e contrariar uma parte da opinião pública, para a qual o nuclear é sinônimo de independência e soberania? Ou seria melhor ganhar tempo nessa questão, ainda que descumpra a promessa feita aos eleitores?

Como vimos, queira ele adotá-los ou lavar as mãos, considere-os como uma herança sagrada ou como correntes que o entravam, os acontecimentos recebidos como legado dos antecessores são para o Príncipe os de mais difícil negociação. Pois se lhe cabe escolher entre dois males, nem sempre será fácil saber qual é o menor. E o que quer que decida fazer, ele pode ter certeza de que haverá descontentes.

Armas de que o Príncipe dispõe ante os acontecimentos

Como vimos, a maré dos acontecimentos chegou a tal nível que seria inútil que o Príncipe tentasse preservar-se do tumulto fechando-se em sua fortaleza de papelão ou então, como lamentava Ibn Zafar, o Siciliano,[1] escondendo-se num tronco de árvore como um camaleão e esperando que a tempestade passasse. Príncipes medrosos como os da Coreia do Norte, da Birmânia e da Arábia Saudita o tentaram sem sucesso. Por mais ameaçadores que sejam os acontecimentos, o Príncipe não tem escolha senão enfrentá-los. E por sinal qualquer outra conduta seria indigna dele.

Afinal de contas, nesse confronto, o Príncipe não está completamente desarmado nem é totalmente

---
1. Também denominado Abû Abd Allâh Muhammad Ibn Abî Muhammad Ibn Zafar al-Siqillî al-Makkî al-Mâliki, nascido na Sicília em 1104, morto na Síria por volta de 1171, foi um pensador político e teólogo árabe. Sua obra sobre o exercício do poder, *La Consolation du Prince face à l'hostilité de sés sujets* [O consolo do príncipe ante a hostilidade dos súditos], faz dele um precursor de Nicolau Maquiavel.

impotente. Suas armas são a Informação, a Antevisão, a Mistificação e a Esquiva. A Informação lhe permite prever o acontecimento antes dos fatos e assim ganhar o tempo necessário para se preparar. A Antevisão lhe dá a possibilidade de prever as consequências do acontecimento, até, idealmente, transformá-lo num não acontecimento. A Mistificação lhe permite apresentar o acontecimento sob uma ótica que lhe seja favorável. Finalmente, não conseguindo prever o acontecimento, descontar seus efeitos e apresentá-lo sob uma ótica favorável, a Esquiva está aí mesmo para ajudá-lo a fugir do golpe quando ele sobrevém, fazendo com que seu peso recaia sobre outro.

E por sinal acontece com essa espada de Dâmocles pendurada sobre a cabeça do Príncipe o mesmo que com todas as outras espadas. É verdade que ela tem uma lâmina afiada e uma ponta contundente, mas também é dotada de um cabo. Excelente na arte da Informação, da Antevisão, da Mistificação e da Esquiva, o Príncipe esclarecido tratará assim de se apropriar desse cabo para transformar numa oportunidade o que para ele representava um perigo.

Pelópidas[2] ouviu de um de seus soldados: "De repente nos deparamos com os inimigos", respondeu: "Por que não dizer que eles de repente se depara-

---

2. General tebano do século IV a.C., combateu os espartanos com êxito.

ram conosco?" Mais perto de nós, durante o último grande conflito mundial, o Príncipe inglês conseguiu transformar a debacle dos seus exércitos diante dos alemães na campanha da França no "espírito de Dunquerque", valendo-se dele para firmar ainda mais sua autoridade e cimentar a nação em torno dele.

E de fato nada é bom ou mau em si mesmo. Como sabemos, só o pensamento o faz assim.[3] Um Príncipe digno desse nome haverá, portanto, de se servir daquilo que em princípio deveria desservi-lo.

---

3. Alusão a uma fala de Hamlet na peça de mesmo nome de Shakespeare.

Da Informação como arma ante os acontecimentos

Na medida em que lhe confere boa visibilidade, a Informação é incontestavelmente a melhor ferramenta de que dispõe o Príncipe para se orientar e navegar no oceano desesperador da vida política.

Num país que se dilacerava, eu estava, num belo dia de primavera, numa grande manifestação de rua que foi reprimida com derramamento de sangue. Terminado o tiroteio, desvencilhei-me dos corpos que tinham me protegido, cobrindo-me. Ensanguentado, olhei com cuidado ao meu redor. Meu primeiro sentimento, passado o choque, não foi de alívio à ideia de que o sangue que manchava minhas roupas não era meu. Eu era jovem demais para isso, e inconsciente demais também. Tampouco era já a essa altura de indignação com os responsáveis pela carnificina. Eu já devia ser velho demais para isso. Era um sentimento de profunda tristeza a ideia de que a matança podia ter sido evitada.

Nesse dia, eu entendi a importância da Informação. Não só para minha humilde pessoa, para que nunca mais me encontrasse no lugar errado no momento errado, mas também para o Príncipe diante de nós, que, se tivesse sido capaz de prever os acontecimentos e suas consequências para ele próprio, não teria mandado disparar contra manifestantes desarmados. Na verdade, após a repressão dessa manifestação, o Príncipe que dera ordens à tropa para atirar contra a multidão foi obrigado a se demitir.

Essa experiência deve ter me marcado, pois, embora sempre tivesse horror a publicidade, um anúncio publicado certa vez no *Times* de Londres ficou gravado em minha memória. Ele mostra um quadro do século XIX no qual vemos em primeiro plano uma família em trajes de época fazendo piquenique num vale verdejante, enquanto ao longe uma horda de cavaleiros investe em sua direção a rédeas soltas e brandindo sabres. *Have you ever wished you were better informed?* [Alguma vez já desejou estar mais bem informado?], pergunta o slogan publicitário, em evidente alusão à Carga da Brigada Ligeira em Balaclava, na guerra da Crimeia.[1]

Assim como ao despertar abrimos os olhos e olhamos ao redor para nos situar, assim também o Príncipe, para governar, precisa informar-se. Tho-

---

[1]. A guerra da Crimeia opôs, de 1853 a 1856, o Império Russo e uma coalizão liderada por ingleses e franceses em apoio aos turcos otomanos, e terminou com a derrota da Rússia.

mas Hobbes[2] não se enganava ao dizer que os espiões são tão importantes para o soberano quanto os raios de luz para a alma humana distinguir os objetos visíveis. Muito embora hoje — considerando-se a multiplicidade de campos da atividade humana, assim como a quantidade infinita de acontecimentos e desafios de toda natureza que se apresentam ao Príncipe — seja necessário, além dos batedores tradicionais e dos eternos agentes secretos, acrescentar à categoria "espiões" de Hobbes profissões tão diversas quanto as de sismólogo, vulcanólogo, climatologista, psicólogo, sociólogo, nutricionista, epidemiologista, economista, historiador, estatístico, geneticista, matemático das probabilidades e assim por diante. São todas elas profissões da Informação, nas quais o Príncipe encontrará material de reflexão a partir do momento em que for necessário prever os acontecimentos, de tal maneira que nunca seja apanhado desprevenido, preparar cuidadosamente aqueles que deseje suscitar, para que não se voltem contra ele, ou avaliar a exata importância dos acontecimentos legados pelos antecessores, para saber se deve assumi-los ou deixá-los para trás.

---

2. Filósofo inglês (1588-1679), um dos primeiros pensadores do Estado moderno, autor da célebre frase: "No estado natural, o homem é um lobo do homem."

Mas que vem a ser exatamente a Informação, e para que serve realmente? Para responder a essa pergunta, tomarei um exemplo extraído da vida cotidiana.

Consideremos alguém que saia de casa pela manhã e queira atravessar a rua para tomar um ônibus que o leve ao local de trabalho. Olhando ao redor, que vê? À direita, cerca de cem metros adiante, ele vê um ônibus que se aproxima lentamente da parada no outro lado da rua. Circulando em sentido inverso do ônibus, ele também vê, à sua esquerda, um velho Jaguar Mk2 vermelho. Observa igualmente que a pista ainda está molhada da chuva da noite anterior, e que uma grande poça d'água se formou junto à calçada, num ponto de afundamento da pista. Ele constata que alguém jogou uma lata de cerveja vazia no chão. Percebe além disso uma bela jovem que chega pela sua esquerda, e, pela direita, um homem que também vem na sua direção e que, visto de longe, parece familiar. Todas essas informações lhe chegam de uma só vez.

Nesse momento, se o objetivo perseguido por essa pessoa é de fato tomar o ônibus para chegar ao trabalho, de que informações precisará de fato, entre todas essas que lhe chegam? Com certeza ela terá de se certificar de que o ônibus que se aproxima é o que lhe convém, e não um ônibus de alguma outra linha. Terá então de avaliar rapidamente a distância a que se encontra o ônibus e o tempo que ele levará para chegar à parada, comparando com o tempo que ela própria precisará para atravessar a rua e atingir essa mesma parada. Com certeza terá de avaliar também a velocidade do automóvel que vem em sentido inverso e o tempo necessário para que chegue ao local onde ela se encontra. E ainda precisará levar em consideração o fato de que a pista está escorregadia e apresenta uma poça d'água.

Pela ótica adotada por essa pessoa, todas essas informações constituem dados igualmente valiosos. Quanto às demais informações, como a marca e o modelo do automóvel vermelho, a mulher que vem pela esquerda, o homem que vem pela direita, a lata de cerveja, tudo isso, que não faz parte realmente da sua problemática, são simples indicações a serem levadas em conta ou não. De qualquer maneira, não constituem informações para essa pessoa, pois não lhe são necessárias para atravessar a rua sem correr risco e tomar o ônibus a tempo.

Em compensação, se essa pessoa fosse uma apreciadora de automóveis antigos, os dados a respeito do carro vermelho que vem pela esquerda também haveriam de se transformar em informações, se ela se sentisse tentada a adiar por um momento a travessia para ver o velho Jaguar passar e assim examiná-lo de perto. Correndo o risco, naturalmente, de perder o ônibus. Da mesma forma, se nosso pedestre fosse um grande apreciador de mulheres, a informação a respeito da bela transeunte que vem pela sua esquerda se tornaria igualmente uma informação relevante, se ele se sentisse tentado, mais uma vez correndo o risco de perder o ônibus, a ficar ali mesmo para vê-la passar, e até para abordá-la. De maneira semelhante, se for grande o seu senso cívico, a lata de cerveja vazia se tornaria outra informação relevante, e nessa eventualidade, xingando o sem educação que a atirou ali e tomando a iniciativa de apanhá-la para jogar na lixeira mais próxima, correria da mesma forma o risco de perder seu objetivo principal, que é pegar o ônibus. E se essa pessoa for por acaso um jogador inveterado, julgando reconhecer no homem que se aproxima um agente de apostas ao qual deve dinheiro, essa informação passa a ser relevante. O jogador endividado será então tentado a atirar a prudência para o alto, e, ignorando o carro que vem pela esquerda e a pista escorregadia, sairá correndo pela rua para não ser reconhecido pelo credor. Correndo o risco, naturalmente, de escorregar ou de ser atropelado.

Por tudo isso entendemos que o que distingue a Informação relevante de uma simples informação qualquer é que aquela responde necessariamente a um questionamento, tendo como função ajudar a pessoa que se faz a pergunta a reagir a determinada situação, entrar em ação e passar sem problemas de um lugar a outro ou de uma situação a outra. No caso em questão, tratava-se de atravessar sem danos de uma calçada a outra, e da situação lenta de pedestre à situação mais rápida de passageiro dos transportes públicos.

Entendemos também que aquilo que é uma informação útil para uma pessoa pode revelar-se uma informação sem nenhuma utilidade para outra. Assim, a informação sobre a bela transeunte só constitui de fato uma informação para um paquerador, e a informação sobre o agente de apostas que vem pela direita só representa uma informação para um jogador coberto de dívidas.

Finalmente, teremos entendido que a Informação só tem valor na medida em que o objetivo for bem definido e as prioridades, claramente estabelecidas. Entretanto, a partir do momento em que as prioridades de uma pessoa não forem claras, sua avaliação das informações de que dispõe haverá de se ressentir, e o objetivo por ela fixado talvez não venha a ser atingido. Como deixam claro os exemplos do jogador endividado, do paquerador, do apreciador de carros antigos e do fiscal de civismo, não é possível perseguir impunemente várias lebres ao mesmo tempo.

Ora, tratando-se de um general em campanha, empenhado em conduzir seu exército de uma margem a outra de um rio, ou de um político em campanha, pretendendo passar da condição de candidato numa eleição presidencial à de presidente eleito, o fato é que para o Príncipe acontece tal como a uma pessoa perfeitamente comum desejando atravessar a rua para pegar o ônibus. Na medida em que seu objetivo e suas prioridades forem claros, a Informação estará disponível para ajudá-lo a alcançar a meta. A partir do momento, entretanto, em que ele perseguir mais de um objetivo ao mesmo tempo, com prioridades intercambiáveis, sua avaliação das informações à disposição e o uso que delas fará estarão viciados, não mais podendo ele escorar-se nelas para antecipar-se plenamente ao acontecimento com que se defronta.

Vencer sem riscos é triunfar sem glória, costuma-se dizer. Mas, nesse caso, se quiser a qualquer custo vencer gloriosamente, o Príncipe por certo estará perseguindo duas lebres ao mesmo tempo: a vitória, sim, mas também a glória. Acontece que o Príncipe responsável, pondo o bem do seu povo acima de suas inclinações para a glória ou de seu gosto pronunciado pelas ondas de adrenalina, não pode se permitir essas infantilidades, as quais, confundindo vários objetivos ao mesmo tempo, o obrigam a contar com a Sorte, com isso tornando incerto o resultado.

Há 22 séculos, o espartano Leotíquides dizia que a melhor maneira de conservar o poder era não entregar tudo à Sorte.[3] Afinal de contas, para os gregos antigos, *elpis*, a esperança, nem sempre era um conceito positivo, e os espartanos, que se superavam na arte da guerra, achavam, por sua vez, que só com a mão na massa é que se devia invocar a Sorte.

Sun Tse[4] vai ainda mais longe: "O Príncipe", diz ele, "não deve tentar domar os inimigos mediante combates e vitórias, pois se existem casos em que aquilo que está acima do bom não é bom, temos aqui um caso em que, quanto mais nos elevamos acima do bom, mais nos aproximamos do pernicioso e do ruim. Antes cabe ao Príncipe subjugar o inimigo sem travar batalha: será este o caso em que, quanto mais se elevar acima do bom, mais haverá de se aproximar do incomparável e do excelente. Um exército vitorioso leva vantagem antes mesmo de ter travado batalha, ao passo que um exército fadado à derrota combate na esperança de ganhar."

Acontece que é justamente essa esperança que desespera os praticantes da Informação, pois quem

---

3. Trata-se de Leotíquides I, rei europôntida de Esparta na segunda metade do século VII a.C.
4. Sun Tse (ou Sun Tzu), estrategista e teórico militar chinês da arte da guerra. Acredita-se que viveu entre os séculos VIII e V a.C. Seu tratado *A arte da guerra* ficou famoso. A citação é extraída do terceiro dos seus treze capítulos.

diz esperança diz incerteza. Sendo o objetivo da Informação dissipar toda incerteza a respeito de um empreendimento iniciado pelo Príncipe, trata-se de enfrentar uma ocorrência com que se depara, levar a bom termo um acontecimento desejado ou administrar da melhor maneira possível eventos herdados.

E por sinal chegamos aqui à própria essência da Informação: àquilo para que ela realmente está voltada, e que vem a ser nem mais nem menos a pura e simples abolição do tempo. Abolir o tempo de tal maneira que, diante de um acontecimento, o Príncipe possa ignorar o futuro próximo e incerto (como por exemplo a batalha do dia seguinte) para se projetar imediatamente num futuro mais distante, mas muito menos incerto (a vitória, afinal!). Em sua essência, a Informação de fato tende, ao revelar uma visão clara e completa do futuro, a fundir futuro e presente.

Mencionei antes o dia em que, tendo-me encontrado no lugar errado no momento errado, tomei claramente consciência da importância da Informação. Quinze anos depois, outro incidente da vida viria esclarecer-me sobre seus limites, se a encararmos do ponto de vista de sua finalidade, que é abolir o tempo.

Foi na véspera de uma batalha que se anunciava incerta, e eu tinha de esclarecer um Príncipe quanto às intenções do inimigo e aos recursos de que dispunha. Acontece que, quanto mais eu o informava a respeito, mais ele queria informações, incapaz de se mostrar satisfeito. O que esse Príncipe queria, na verdade, era reduzir até eliminar o grau de incerteza na batalha que se anunciava: risco zero.

Mas as informações de que eu dispunha não eram suficientes para tal, e a exigência desse Príncipe de abolir qualquer esperança me enchia de desespero. De uma forma ou de outra, todavia, eu precisava abolir essa incerteza, e tratei de fazê-lo recorrendo à minha experiência e a meu conhecimento do inimigo, do seu *modus operandi* e da maneira como conduzira batalhas anteriores: que tipo de armas utilizara então? Mostrava-se sensível à própria imagem refletida nos meios de comunicação? Respeitava os costumes ou já acontecera de lançar covardemente um ataque na imprópria hora do chá? E assim por diante.

Assim foi que recorri às operações lógicas da dedução, da indução, da especulação e da projeção para preencher os vazios deixados pela ausência de informações no quebra-cabeça que precisava reconstruir. Exemplos: como eu sei que em determinado eixo há um trecho de caminho entre os pontos A e B, e outro entre os pontos C e D, deduzo, embora não o saiba, que também deve haver um trecho entre os pontos B e C; como no passado o inimigo se comportou de tal maneira em determinada situação, eu deduzo, embora não o saiba, que em situação semelhante ele haverá de se comportar amanhã da mesma maneira; e assim por diante.

Na época, orgulhoso de ter tornado coerente o que era incoerente, lançando luzes sobre as trevas, eu não me conscientizara. Bem mais tarde, contudo, cheguei à conclusão de que, sem saber, atingira assim os limites da arte da Informação, a saber, sua impossibilidade de ir além de certo limiar qualitativo no cumprimento de sua função essencial de abolir o tempo. E isso porque, incapaz de ver o futuro com os olhos do presente (na continuidade, por assim dizer), ela se limita a vê-lo com os olhos do passado.

Numa visão retrospectiva, confesso humildemente que meus maiores erros de avaliação se deram no trato de temas de que, no entanto, eu tinha pleno domínio. E por quê? Porque o considerável conhecimento acumulado a seu respeito acabava por me impedir, por sua própria densidade, de ver e avaliar em seu justo valor os novos indícios que se apresentavam a mim. Como esses indícios não combinavam com minha visão das coisas, eu os negligenciava, deixando-os de lado, o que fazia com que, decidido que estava a continuar vendo o real tal como devia ser na minha ótica, não podia vê-lo como era de fato nem prever corretamente a continuidade dos acontecimentos.

Não que o conhecimento e a experiência sejam maus em si mesmos. Mas é imperativo ter em mente que eles sempre serão apenas o passado, e que por isso de maneira alguma representam o presente, muito menos o futuro.

Para ilustrar o que dizia antes, tomarei mais uma vez um exemplo prático extraído da vida cotidiana.

Você sai para dar um passeio pela floresta com o seu cônjuge. Paira uma neblina no crepúsculo. No caminho, vocês param para colher cogumelos. Ao se levantar para dar continuidade à caminhada, você constata que seu cônjuge está uma centena de metros adiante. Mas será que você o enxerga mesmo? Tem certeza de que se trata dele? Na realidade, o que você vê é uma silhueta que parece com a dele. Entretanto, como chegaram juntos e não encontraram mais ninguém, você está intimamente convencido de que de fato se trata dele. Mas, na realidade, não há como saber, não é mesmo? Poderia perfeitamente ser outra pessoa. O que aconteceu foi que, em dado momento, sua percepção cognitiva tomou o lugar da sua percepção sensorial, e você não via propriamente seu cônjuge, mas o supunha, convencendo-se de que era ele. Mas se resolvesse aproximar-se pé ante pé para lhe dar um susto, talvez se desse conta, tarde demais, de que estava diante de um perfeito desconhecido, tendo o seu cônjuge tomado outro caminho.

O mesmo acontece na prática da arte da Informação, quando, à falta da observação direta do presente, por um motivo ou outro, recorremos ao passado (no nosso conhecimento, na nossa experiência, nas nossas teorias, na nossa visão, nos nossos esquemas intelectuais e mentais), matéria de adivinhação. Tornamo-nos então adivinhos, profetas, grão-sacerdotes, feiticeiros, xamãs, e a arte da Informação acaba por se confundir com a arte divinatória de outros tempos, tomando as simulações e projeções teóricas o lugar de runas e entranhas de animais, e o cálculo de probabilidades vindo a substituir o oráculo do deus.

O bom praticante da Informação tratará portanto de relativizar a importância do conhecimento acumulado e da experiência adquirida na prática de sua arte, esforçando-se por ver o real exclusivamente com os olhos do presente. Tratará também de calcular suas chances de sucesso em 80%, e não em 100%, antecipando-se assim, graças a essa margem de 20% de incerteza ao elemento de imponderabilidade inerente a todo empreendimento que se projete no futuro.

Apesar disso, ele corre o risco de descontentar o Príncipe a cujo serviço estiver, podendo mesmo desqualificar-se aos seus olhos. Dizendo a verdade, nem por isso ele estará, como explicava Michel Foucault,[5] *na* verdade.

Com efeito, não faltam na história exemplos de pessoas que, de Galileu a Sorge, o espião de Stalin, disseram a verdade sem estar na verdade, sendo por isso desqualificadas, pois suas palavras davam em ouvidos moucos. O Príncipe também tem tendência a ver o futuro exclusivamente com os olhos do passado, logo suas iniciativas e seus atos baseiam-se menos na constatação que acaso faça do presente do que em suas convicções, intenções ou ambições — em outras palavras, no passado.

A decisão de Alexandre, o Grande, de invadir a Pérsia não se baseou na constatação que fizera das condições do império de Dario, mas na concepção que tinha de seu próprio destino.

A decisão de Napoleão de invadir a Rússia não se baseou na constatação que fizera das condições do império do czar, mas na própria visão do seu lugar e papel na história.

A decisão de Hitler de invadir a Polônia apesar das advertências dos Aliados não se baseou na constatação que fizera do equilíbrio de forças na Europa, mas na ideia que fazia de sua própria grandeza e em

---

5. Filósofo francês, nascido em 1926 e morto em 1984.

seu desejo de vingar as humilhações que os Aliados, vencedores sobre as forças germânicas vinte anos antes, tinham imposto ao seu povo.

Da mesma forma, quando Creso, rei da Lídia, há 2.500 mil anos, partiu em guerra contra os persas, sua decisão de modo algum se baseou em algum conhecimento que acaso tivesse do estado lastimável ou não do império de Ciro, tendo sido motivada apenas por sua ambição. E por sinal, antes de se decidir, Creso foi a Delfos para perguntar ao oráculo de Apolo (o equivalente, na época, da Informação) se devia ou não entrar em guerra contra Ciro. E o oráculo respondera: "Se guerreares contra os persas, destruirás um grande império." Diante dessa previsão que parecia confirmar o que ele pressentia e desejava, Creso partiu em campanha, mas foi derrotado por Ciro. De volta a Delfos, acusou o deus de tê-lo induzido em erro, ouvindo então a resposta: "Melhor terias feito se perguntasse ao deus a qual império se referia, ao teu ou ao de Ciro."

Como bem demonstra o exemplo de Creso, quando questionamos o futuro com os olhos do passado, não conseguimos fazer as perguntas necessárias. Além disso, as perguntas que fizermos já não dirão tanto respeito ao presente (a relação de forças entre Ciro e mim) quanto ao futuro (alcançarei a vitória?); não mais serão do tipo praxeológico (que fazer?), mas puramente escatológico (como conhecer o desfecho?). E assim será enquanto a observação lúcida der lugar a visões translúcidas, e a verdadeira pergunta, "que se passa realmente?", der lugar ao pueril "eu quero!".

Da Antevisão como arma ante os acontecimentos

Decorrendo da Informação mas também do conhecimento das leis e princípios que regem o equilíbrio geral das coisas e da natureza humana, a Antevisão é outra arma de que dispõe o Príncipe para se preservar dos efeitos perturbadores dos acontecimentos.

Em geral, a Antevisão dos acontecimentos é mais fácil nas sociedades dotadas de uma Constituição, de leis e instituições (sejam elas democráticas, monárquicas ou oligárquicas) e mais difícil em regimes despóticos, nos quais tudo ou quase tudo depende do bel-prazer do Príncipe.

Nas antigas cidades gregas como na república romana, assim, a sucessão do Príncipe podia ser prenunciada porque era planejada, desenrolando-se sem maiores sobressaltos. Em sentido inverso, quando um déspota (como Tibério ou Nero em Roma, ou Filipe da Macedônia nas cidades gregas) tomava o poder, o acontecimento representado pela sucessão na chefia do Estado não podia mais ser previsto com facilidade, e os períodos de transição invariavelmente eram violentos e conturbados.

No início da década de 1980, Elias Sarkis, presidente da República libanesa, visitou a Arábia Saudita para uma reunião de cúpula de chefes de Estado árabes para tratar da guerra que então devastava o Líbano. De volta a Beirute, foi interrogado pelos colaboradores, preocupados em saber o que fora dito e decidido na reunião. E ele respondeu:

O que foi dito e decidido não tem grande importância. Mais importante é a constatação que fiz: entre todos os presentes, eu era o único a saber em que dia exatamente deixarei o poder, pois assim o quer nossa Constituição. Todos os demais eram reis ou presidentes vitalícios, o que significa que ainda poderiam manter-se no poder durante anos, como também poderiam ser derrubados amanhã de manhã.

Mesmo nos países autocráticos que não têm uma Constituição formal, uma clara lei de sucessão pode bastar para que a transmissão de poder entre um Príncipe e outro seja antevista e transcorra de maneira harmoniosa.

Assim, na Arábia Saudita, a lei de sucessão promulgada pelo fundador do reino, Abdelaziz Ibn

Saud,[1] segundo a qual o trono passaria sucessivamente a todos os seus filhos do sexo masculino por critérios de primogenitura, nobreza da linhagem materna, experiência e competência, continua em vigor sessenta anos depois da sua morte, sendo respeitada por todos. E com efeito seus filhos continuam a se suceder no poder sem nenhum conflito. Já no emirado vizinho, o Qatar, onde o atual emir chegou ao poder derrubando o próprio pai, que por sua vez derrubara um primo, estabeleceu-se um precedente pelo qual o acontecimento que constitui a sucessão na chefia do Estado já não pode ser facilmente antecipado. E, de fato, em Doha sempre correm boatos de golpe de Estado.

Ao prever um acontecimento antes que sobrevenha, o Príncipe pode, como vimos, desarmar sua carga potencialmente explosiva. Assim, embora durante a campanha presidencial francesa de 2012 o presidente americano Barack Obama, a chanceler alemã Angela Merkel e o primeiro-ministro britânico David Cameron logo se posicionassem, optando por um declarado apoio ao presidente que buscava a reeleição, a partir do momento em que as pesquisas de opinião começaram a prever a vitória do seu rival, eles anteviram a derrota de Nicolas Sarkozy e mudaram radicalmente de tom, abrindo espaço em

---

1. Ibn Saud, nascido em 1876, rei de 1932 até morrer, em 1953.

sua paisagem para François Hollande, pois sabiam que após a eleição teriam de negociar com ele.

E, por sinal, o mesmo ocorre em todos os outros planos, sendo o Príncipe capaz de prenunciar o impacto de uma inundação, mediante dados hidráulicos e meteorológicos, para proceder à evacuação de uma zona de risco; dispondo de dados geomorfológicos, ele pode antever o impacto de um acidente nuclear, eximindo-se de construir uma central em zona sísmica; contando com previsões climatológicas, pode antecipar o impacto de uma colheita ruim, providenciando reservas de alimentos; pelo controle das operações financeiras, pode prever o impacto eventual de um banco em dificuldades na economia do país, intervindo em seu capital; e assim por diante.

Todo acontecimento "funesto", como uma derrota militar, um vazamento num reator nuclear ou uma quebradeira bancária, sendo prenunciado e não surgindo inesperadamente, levado em conta e "digerido" a tempo, terá reduzido seu impacto sobre a população (e portanto sobre o Príncipe).

E por sinal a perfeita Antevisão se aplica tanto aos chamados acontecimentos "promissores" quanto aos acontecimentos "funestos". Sua importância no primeiro caso se revela claramente quando nos debruçamos sobre o destino de certos grandes ganhadores da loteria, que se veem de um dia para outro de posse de uma verdadeira fortuna. Sua vida necessariamente é transformada. Mas será que sempre para melhor? Na realidade, muitas vezes sua vida não é propriamente transformada por esse acontecimento "promissor", mas transtornada. Por quê? Porque o decisivo acontecimento representado pela fortuna repentina não terá sido antevisto: eles não estavam mentalmente preparados nem armados para se proteger de tudo que esse maná inesperado implicava: solicitações, parasitas, escroques, excessos, intrigas, tentação da especulação etc. A mesma constatação se impõe quando pensamos nos excessos que caracterizam os "novos-ricos" (como os oligarcas russos) ou nos erros de governo que caracterizam todos os opositores que chegam ao poder de modo inesperado. Na realidade, por mais "promissor" que possa parecer inicialmente, qualquer acontecimento que não tenha sido antevisto, para o qual não se tenha preparado um lugar no presente, por assim dizer adiantando-se a ele e vivenciando-o antes da hora, será sempre uma fonte de perigo.

Quem quer que um dia tenha percorrido a malha rodoviária francesa teve a oportunidade de encontrar a arte da Antevisão levada à perfeição. E mesmo ao paroxismo. Sabe a cada momento e com extrema exatidão tudo que precisa saber sobre o trajeto: a localização de postos de gasolina e áreas de repouso é indicada com precisão quase métrica, assim como eventuais obras; painéis luminosos o alertam com a devida antecedência para engarrafamentos, acidentes, estreitamentos da via, objetos insólitos na pista e até animais perdidos; outros ainda servem para informar exatamente quanto tempo será necessário para chegar ao destino; uma estação de rádio alterna boletins de informação para tranquilizá-lo e música suave para acalmá-lo; em suma, tudo é feito para que o motorista percorra o trajeto em perfeito conhecimento de causa, ao abrigo de qualquer imprevisto.

Dito isso, a Antevisão sempre é, na perspectiva do objetivo visado, uma arma de manuseio delicado, pois sua boa utilização depende do momento, dos conhecimentos em que se baseia e da boa dosagem. O perigo, quando se tenta antever o impacto de determinado acontecimento, consiste em suscitar outro, de impacto ainda maior.

Da importância do bom momento: em 1971, quando Henry Kissinger, enviado pelo presidente Nixon, foi ao encontro do primeiro-ministro chinês Chu En-lai para negociar uma retirada militar americana do Vietnã, o calendário que lhe propôs tinha como principal objetivo antever a retirada, de tal maneira que não prejudicasse a reeleição de Richard Nixon. E ao retornar a Washington, por sinal, Kissinger disse ao presidente: "Daqui a alguns meses, muito antes da eleição, ninguém mais estará falando do Vietnã." O

Vietnã não interferiu no pleito americano de 1972 e Nixon foi reeleito.

Da importância do bom conhecimento: em 2009, quando começaram a circular boatos sobre uma epidemia de gripe A, a ministra da Saúde da França, Roselyne Bachelot, decidiu por precaução encomendar cerca de cem milhões de doses de vacina. Mas não ocorreu nenhuma epidemia. Nem por isso o caso deixou de custar 700 milhões de euros ao contribuinte francês, e o governo, na época preconizando austeridade e promovendo cortes orçamentários, foi severamente criticado.

Da importância da boa dose: na primavera de 2012, quando o sindicato britânico dos motoristas de carros-tanque ameaçou convocar greve se o patronato se recusasse a dar algum passo nas negociações em curso sobre condições de trabalho, o governo do primeiro-ministro David Cameron decidiu esvaziar a ameaça advertindo a opinião pública. Um integrante do governo, Francis Maude, chegou a recomendar que os britânicos se antecipassem a uma eventual escassez de combustíveis, estocando em casa um galão de gasolina. O resultado não se fez esperar: os donos de automóveis acorreram aos postos de gasolina, que foram esvaziados, a escassez, que era apenas virtual, tornou-se real sem que a greve fosse declarada, e uma pobre mãe de família sofreu queimaduras de terceiro grau quando o "galão Francis

Maude" cheio de gasolina que ela estocara em sua cozinha se incendiou acidentalmente.

A Antevisão, como vimos, é uma arma perigosa. Nas mãos certas, contudo, pode revelar-se de grande valor para o Príncipe, pois lhe permite moldar um acontecimento até reduzi-lo a zero, transformando-o, por assim dizer, num não acontecimento. O que, do ponto de vista principesco, mais se aproximaria do que poderíamos chamar de um acontecimento "promissor".

Da Mistificação como arma ante os acontecimentos

Em caso de carência da Informação e da Antevisão, o Príncipe dispõe de uma arma alternativa diante dos acontecimentos: a Mistificação. Dominando a arte da Mistificação, ele pode, se não prever os acontecimentos para administrá-los, pelo menos tentar revertê-los a seu favor. Como poderá também jogar areia nos olhos dos súditos ou concidadãos para enganá-los quanto aos motivos que o teriam levado a provocar este ou aquele acontecimento.

Eu era garoto quando tive minha primeira aula de mistificação. Mas não foi com nenhum especialista em comunicação. Eu estava com alguns amigos num parque de diversões, e, quando finalmente fomos para a grande roda centrífuga, não tendo moedas, eu estendi ao bilheteiro uma cédula de uma libra para pagar a entrada, que custava dez pence, e ele me disse, com ar de quem sentia que eu inspirava confiança, que poderia pagar depois. O que eu fiz ao sair. Embora a centrífuga tivesse sobre mim o efeito esperado, causando vertigem, eu consegui, cambaleando, arrancar a cédula do bolso, e ele me devolveu 90 pence em moedas, contando as moedas de 10 pence uma a uma em voz alta. Só depois eu me daria conta de que as nove moedas em questão eram na verdade de 5 pence, de tamanho menor. Enquanto ele as depositava na palma da minha mão, contando-as em voz alta, minha cabeça girava de tal maneira que elas me pareciam maiores, o que me convenceu de que se tratava de fato das moedas de 10 pence que devia receber.

Foi minha primeira experiência com um *spin doctor*, um doutor em logro, um manipulador de opinião, antepassado ou pelo menos modelo desses especialistas em comunicação e técnicos em opinião pública a que o Príncipe recorre hoje em dia quando precisa passar a perna em alguém enquadrando determinado acontecimento nesta ou naquela perspectiva. E também foi minha primeira aula na arte da Mistificação. Ela me custou 45 pence e uma pequena ferida no amor-próprio, mas a esse preço eu aprendi que, para conseguir a proeza, era necessário, por um lado, que o enganado fosse convencido, e, por outro, que a mistificação convergisse na mesma direção daquele que a sofre, acariciando-o gentilmente. Acontece que no terreno público essas duas condições só muito dificilmente estão reunidas hoje.

Há três mil anos, o rei Agamenon podia perfeitamente alegar, sem correr o risco de ser desmentido por alguém importante para ele, que atacava Troia para vingar a honra de seu irmão Menelau, e não, naturalmente, para botar a mão num enorme butim. E, por sinal, sua mistificação duraria séculos. Há dois mil anos, um Pompeu, um César inventavam impunemente pretextos para suas guerras, enriqueciam com isso e se apropriavam pelo voto de poderes excepcionais que enterravam a República e abriam caminho para o Império.

Em nossa época, apesar dos orçamentos faraônicos de que dispõem os governos e dos recursos consideráveis que diariamente movimentam para desinformar a opinião pública e ocultar os fatos, tais mistificações não podem prevalecer por muito tempo, pois a cortina de fumaça a elas necessária rapidamente é dissipada pelo vento dos acontecimentos.

Assim foi que, em 2003, não obstante seus esforços para justificar a decisão de invadir o Iraque (pois não chegou a devolver várias vezes aos serviços secretos ingleses seus relatórios sobre as armas de destruição em massa de Saddam Hussein, considerando-os a cada vez "insuficientemente sexy"?), o primeiro-ministro Tony Blair logo foi apanhado pelas próprias mentiras.

E por sinal ele ainda estava no poder quando essa guerra a que tinha dado início passou a ser considerada ilegítima pela opinião pública.

Da mesma forma, como vimos, quando a capital espanhola foi sacudida em março de 2004, às vésperas de uma eleição, por atentados sanguinários praticados por terroristas islâmicos, a tentativa de mistificação por parte do governo conservador de José María Aznar, querendo convencer a opinião pública de que haviam sido cometidos pelo ETA basco (para que os eleitores não estabelecessem um vínculo entre a violência de que eram vítimas e as aventuras guerreiras do seu governo nos países muçulmanos), saiu pela culatra, contribuindo, quando a trapaça foi descoberta — horas depois —, para a derrota eleitoral do partido no poder.

Se, como vimos, a arte da Mistificação não funciona hoje com a mesma eficácia de outras épocas, se a cortina de fumaça necessária para que ela perdure se dissipa muito mais rapidamente que no passado, isso se deve à conjunção de numerosos fatores. A perda do monopólio estatal da informação, o rápido desenvolvimento das televisões por satélite e das redes sociais, a exigência de uma transparência sempre maior, a proliferação de vazamentos e denúncias do tipo Wikileaks e o apetite voraz da opinião pública por escândalos de todos os tipos terão contribuído amplamente nesse sentido; mais ainda, contudo, a dissociação cada vez mais frequente entre a legalidade do Príncipe, por um lado, e, por outro, sua legitimidade.

Houve um tempo em que, rei-mágico, o Príncipe exercia seu poder de direito divino pelo direito que lhe tivessem conferido as armas ou por força de plebiscito popular. O ato fundador (ato de nascimento, de guerra ou de fé) gerava então sua legitimidade, da qual decorria por sua vez a sua legalidade. Assim, Henrique Tudor, que reinou na Inglaterra com o nome de Henrique VII depois de derrotar Ricardo III na batalha de Bosworth Field, em 1485, se apoderou da coroa no campo de batalha, embora de modo algum tivesse direito a ela.

Muito mais padre-jurista que rei-mágico, o Príncipe de hoje, quase sempre chegando ao poder por eleição ou disputada seleção, naturalmente vê a sua legalidade (a sua constitucionalidade) reconhecida, até mesmo pelos adversários. Mas dessa legalidade não decorre necessariamente uma legitimidade (foi o caso do presidente americano George W. Bush após sua contestada vitória diante do democrata Al Gore em 2000).

O padre-jurista não deve buscar sua legitimidade em algum ato fundador e original, como o rei-mágico, mas ao longo de seu mandato (e bem sabemos a que extremos não chegou George W.

Bush, no Iraque ou em outras partes do mundo, em busca de legitimidade). O que, como sua pessoa e sua política são vasculhadas de modo sistemático e impiedoso pela imprensa e a opinião pública, o obriga permanentemente a tentar mistificar todo mundo. Ele precisa provar a cada momento que o copo não está meio vazio, mas meio cheio. Assim, há pouco tempo, durante a crise financeira que sacudiu a zona do euro, os governos europeus, desamparados, não sabiam que fazer. Foi então que os artistas da Mistificação que cercavam o presidente francês Nicolas Sarkozy, vendo cair sua popularidade, se saíram com a ideia de que, se era verdade que nem tudo estava correndo bem, "seria muito pior se o Sr. Sarkozy não estivesse aqui".

Certo de sua legitimidade, o rei-mágico não precisa de tais artifícios. Chefe carismático, o presidente Nasser, do Egito, sobreviveu, como vimos, à derrocada de seu exército diante dos israelenses em junho de 1967, chegando inclusive a sair engrandecido da experiência. Depois de sua morte, seu sucessor, Anuar Sadat, conseguiu por sua vez recuperar, na mesa de negociações, os territórios que seu ilustre antecessor perdera no campo de batalha, o que não o impediu de carregar o peso de um déficit de legitimidade que acabou por lhe custar a vida.

Podemos então afirmar que, quando um Príncipe é mais legal que legítimo, será sempre obrigado a mistificar todo mundo o tempo todo, mas raramente conseguirá fazê-lo por muito tempo. Em sentido inverso, o Príncipe que for mais legítimo que legal mistificará a opinião pública com muito mais facilidade e durante muito mais tempo, ficando a ironia por conta do fato de que não precisará realmente fazê-lo. E isso nem todos os *spin doctors* do mundo serão capazes de mudar.

Da Esquiva como arma
ante os acontecimentos

O que um acontecimento tem em comum com o raio é que, uma vez lançado, vai golpear. Ora, como espero ter demonstrado, desde épocas imemoriais o Príncipe é não só o escudo do seu povo, mas também seu glorificado para-raios.[1] Portanto, se não quiser ser fulminado por algum acontecimento, deve tratar de desviá-lo para longe. Para falar em termos menos olímpicos e mais contemporâneos, diríamos que se aplica aos acontecimentos o mesmo que aos mísseis de ogivas inteligentes: uma vez disparados, só param ao atingir o alvo. Cabe assim ao Príncipe, valendo-se das necessárias medidas preventivas, enganá-los para que, desviando-se de sua trajetória, eles acabem liberando sua carga explosiva em outro lugar. Desvinculando-se assim da causa do golpe do destino que tenha atingido seu povo, ele poderá

---

1. Cabe lembrar aqui que Zeus é o portador do escudo que protege, mas também é o Zeus tonitruante, que comanda o trovão.

retomar a iniciativa e administrar seus efeitos para atender aos próprios interesses.

Eu tinha 17 anos quando fui alvo de medidas preventivas dessa natureza. Na época, é verdade que eu estava mais empenhado em mudar o mundo que em mudar a mim mesmo, tendo posto na cabeça, com alguns amigos, que podíamos convencer os operários de uma fábrica de confeitos de que tinham a qualquer custo de entrar em greve para conseguir do patrão os direitos sociais reconhecidos em lei, que ele obstinadamente se recusava a lhes conceder. Nossa causa parecia promissora, mas no último minuto a greve que já dávamos como certa foi suspensa, e os operários que esperávamos arregimentar nos deram decididamente as costas, recusando-se a continuar tratando conosco. Levamos tempo para entender o que tinha acontecido, mas acabamos aprendendo que, ante a eventualidade de um acontecimento tão desagradável quanto uma greve para um industrial, e ainda por cima correndo o risco de perder por completo o controle de operários organizados, o diretor da usina teve a excelente ideia de espalhar o boato de que éramos Testemunhas de Jeová, com isso nos desacreditando aos olhos dos bravos trabalhadores. Operação perfeitamente bem-sucedida, pois dessa maneira a causa do acontecimento (a pretendida greve) não podia mais ser imputada à política antissocial da direção da fábrica, mas a nossa atividade sectária e antissocial. Desviado de sua trajetória pelas medidas preventivas tomadas pelo "Príncipe dos Confeitos", o míssil que lhe estava destinado voltara para nós como um bumerangue, explodindo bem na nossa cara.

Ante um acontecimento inesperado que não estava nos seus planos e cuja causa ou cujos efeitos poderiam ser-lhe imputados, o Príncipe precisa rapidamente adotar medidas preventivas que desviem o acontecimento-míssil de sua trajetória na direção de algum bode expiatório. Nesse sentido, o Príncipe chinês não se enganou, em julho de 2011, quando dois trens-bala colidiram em Wenjou, na província de Zeijiang, causando cerca de cinquenta mortes e ferimentos em mais de duzentas pessoas. Agindo com rapidez, em menos de 24 horas ele tinha identificado os responsáveis pela catástrofe (três altos funcionários da ferrovia), demitindo-os antes mesmo de qualquer investigação sobre as causas do acidente. Sim, antes de qualquer investigação, e de fato assim deve ser. Pois a investigação, quando ocorrer, terá como objetivo apontar um culpado, ao passo que o Príncipe precisa identificar rapidamente um responsável e de imediato tomar medidas contra ele.

Num contexto de vendeta entre clãs familiares rivais, com causas originais que se perdem na noite dos tempos, quando um integrante do clã A mata um do clã B para vingar a morte de seu irmão, eliminado por outro integrante do clã B, o homem morto não é necessariamente o assassino do irmão, mas talvez um primo distante. Não terá sido morto por ser culpado, mas porque o fato de pertencer ao clã B faz com que possa ser considerado responsável.

Para desvincular as causas de um golpe do destino, desviando para longe suas consequências negativas, o Príncipe precisa de fato distinguir entre a culpa, que é da ordem da verdade, e a responsabilidade, questão de simples pertinência.

Assim, no caso mencionado da greve que tentamos organizar, as medidas preventivas tomadas pelo diretor da fábrica para nos fazer frente não foram eficazes porque fossem verdadeiras (nós não éramos Testemunhas de Jeová), mas por serem pertinentes (as Testemunhas de Jeová têm má fama no meio operário).

No exemplo chinês, as imediatas medidas tomadas pelo Príncipe depois da catástrofe ferroviária não tiveram o efeito desejado por serem justificadas, já que a culpa dos altos funcionários da ferrovia ainda não fora caracterizada, mas porque eram pertinentes, pois as famílias das vítimas e a opinião pública consideravam "lógico" que eles pagassem por uma catástrofe de tais proporções.

Da mesma forma, quando um vazamento em instalações *offshore* da empresa petrolífera BP provocou em 2010 uma pavorosa maré negra no golfo do México, o Príncipe americano rapidamente interveio e, antes mesmo que a justiça entrasse no caso, exigiu e conseguiu que a BP reconhecesse sua total responsabilidade no acidente, arruinando-se em seguida para indenizar as vítimas.

Como entenderam que a responsabilidade nem sempre é necessariamente o mesmo que a culpa e que, nesses casos, a pertinência deve prevalecer sobre a verdade, os Príncipes chinês e americano puderam surfar na onda do acontecimento que os ameaçava. Em compensação, depois da revolução popular que derrubou o presidente egípcio Hosni Mubarak, quando os jovens manifestantes que tinham provocado sua queda exigiram do exército, então no comando do país, que detivesse e punisse os responsáveis pela repressão sangrenta, os militares tergiversaram, confiando o caso a uma justiça chicaneira, evaporando, assim, o pouco crédito de que ainda desfrutavam junto à população.

Nesses casos, como vimos, o Príncipe não tem de se preocupar com a verdade, mas apenas com a pertinência. Pois a verdade só serve, em termos objetivos, aos ambiciosos e descontentes. Ou, para ser mais preciso, é a busca da verdade que os atende. Pois ela se insere necessariamente no tempo, e enquanto durar, dura também a incerteza das pessoas, e com ela a dúvida. Persiste então em sua mente a ideia de que o Príncipe lhes estaria escondendo alguma coisa, ou, pior ainda, que não estaria preparado para governar. Em sentido inverso, na medida em que a pertinência permite rapidamente virar a página e encerrar um capítulo, favorece também a harmonia, sendo a melhor aliada do Príncipe.

E por sinal, assim como deveria se preocupar antes com a pertinência que com a verdade, assim também o Príncipe deve preocupar-se menos com a justiça do que com as sanções. Nesses casos, para o Príncipe e a Cidade, apontar rapidamente um responsável e puni-lo com igual presteza é uma necessidade. Assim, na mitologia, Édipo, que mata o pai e se casa com a mãe, nem por isso vem a ser culpado, pois ignorava quem eram seus verdadeiros pais. Seu crime, embora não deixe margem a dúvida, não é de modo algum intencional, mas funcional, confirmando as previsões dos oráculos de Apolo: a que fora comunicada ao próprio Édipo ("Deitarás no leito de tua mãe, mostrarás aos homens uma raça que não se pode ver, serás o assassino do pai de que nasceste") e a que anteriormente se transmitira a Laio, seu pai, advertindo-o a não gerar descendentes se não quisesse morrer nas mãos do próprio filho. Mas, embora Édipo não seja de fato culpado, nem por isso deixa de ser passível de punição, por ser funcionalmente responsável: Tebas precisa que Édipo seja punido por esses crimes, para que a maldição que pesa sobre ela seja revogada. E é o que acontece. Para o bem da Cidade.

É verdade que, como acontece com todas as armas de que o Príncipe dispõe em face dos acontecimentos, a arma da Esquiva também tem seus inconvenientes. Em 1964, ao ser posto em condição minoritária por Leonid Brejnev e seus amigos no Birô Político do Partido Comunista da União Soviética, Nikita Kruschev teria procurado, segundo se diz, esse mesmo homem que acabava de afastá-lo do poder, entregando-lhe três envelopes lacrados e numerados recomendando que os abrisse sucessivamente toda vez que estivesse em situação delicada. Anos depois, como os Estados Unidos deixassem a União Soviética para trás na corrida à Lua, Brejnev teve seu prestígio fortemente abalado e se lembrou das cartas deixadas por Kruschev. Abrindo a primeira, leu: "Atribua a mim toda a responsabilidade por este fracasso." O que ele logo tratou de fazer, resolvendo o problema. Algum tempo depois, ante uma colheita de cereais desastrosa que o obrigou a impor um racionamento extremamente impopular, Brejnev tratou de abrir a segunda carta de Kruschev e leu: "Atribua a responsabilidade por este fracasso aos seus amigos do Birô Político." O que fez sem hesitação, mais uma vez saindo de uma enrascada. Por fim, quando a União Soviética perdeu em definitivo a Guerra nas Estrelas para os Estados

Unidos, Brejnev apressou-se a abrir o último envelope lacrado recebido de Kruschev: "E agora, escreva três cartas!", dizia.

Como demonstra de maneira eloquente esta história divertida que os moscovitas costumavam contar, se a Esquiva permite ao Príncipe ganhar tempo, nem por isso deixa de criar perigosos precedentes.

Da importância dos princípios de vida e governo

Em sua encarniçada e permanente luta contra os acontecimentos que aparecem de todos os lados, cada vez mais numerosos, o Príncipe, como vimos, dispõe de armas consideráveis. A Informação, a Antevisão, a Mistificação e a Esquiva estão aí mesmo para ajudá-lo, em graus diversos, a restaurar a ordem quando a desordem representar uma ameaça, a tranquilizar sempre que a inquietação mostrar a cara e assim puxar o tapete sob os pés dos ambiciosos e descontentes.

Entretanto, por mais úteis que sejam essas armas, elas não deixam de ser simples expedientes, apresentando, por sinal, um grave inconveniente. Com efeito, a partir do momento em que o Príncipe as utiliza diante de um acontecimento, elas tendem a gerar um outro, que vem somar-se àquele que ele pretendera enfrentar, contribuindo assim para alimentar as ondas cada vez mais altas e sempre mais violentas dos acontecimentos.

Se quiser romper esse círculo vicioso (como o do encadeamento rebelião-repressão/mais rebelião-mais repressão), o Príncipe não pode de fato limitar-se a essas ferramentas, sempre sujeitas aos acontecimentos e além do mais podendo ser-lhe retiradas a qualquer momento. E de fato seus inimigos poderiam neutralizar seus meios de informação, e ele ficaria cego diante dos acontecimentos, incapaz de prevê-los ou de antevê-los. Da mesma forma, ele poderia perder sua aura e sua credibilidade, vendo-se na impossibilidade de mistificar os amigos ou os inimigos. Finalmente, como demonstra a história moscovita envolvendo Kruschev, ele poderia ver-se na necessidade de encontrar um bode expiatório sobre o qual jogar a responsabilidade por algum desastre. Privado então de suas armas favoritas, o Príncipe ficaria impotente diante dos acontecimentos.

Por isso é que, antes mesmo de lançar mão desses recursos que no fim das contas lhe são extrínsecos, o Príncipe deve extrair a força do que lhe é intrínseco, aquilo que nada nem ninguém poderá tirar dele: os princípios de vida e governo que, não estando submetidos às leis que regem o encadeamento de acontecimentos, se mantêm em quaisquer circunstâncias estáveis, imutáveis e tão confiáveis quanto a agulha de uma bússola apontando infalivelmente para o norte magnético.

Se as diferentes armas que mencionei — Informação, Antevisão, Mistificação e Esquiva — constituem ferramentas de que o Príncipe pode munir-se ao sabor das circunstâncias, utilizando-as ou deixando-as de lado conforme o caso, os princípios de vida e governo antes poderiam ser equiparados aos seus órgãos vitais, e ele não seria capaz de largá-los ou deixá-los de lado, tal como não poderia impunemente arrancar o próprio coração ou as próprias entranhas.

Só então, quando se tiver submetido a esses princípios, integrando-os inteiramente e fazendo-os seus, é que o Príncipe poderá retardar e canalizar em proveito próprio a caótica torrente dos acontecimentos. Caso contrário, desprovido do que é "mais alto e mais forte que todas as influências externas", um simples resfriado, como diz Tchekhov,[1] bastará para fazê-lo perder o equilíbrio.

---

1. Anton Tchekhov, escritor e dramaturgo russo (1860-1904). O trecho faz referência a "Uma história banal", novela publicada em 1889.

Do autoconhecimento como princípio de vida e governo

"Conhece-te a ti mesmo", *gnôthi séauton*, era o lema que se lia no frontão do templo de Apolo em Delfos, na antiguidade. E a partir do momento em que o Príncipe deve ser um só com seu povo, poderíamos talvez acrescentar a este "Conhece-te a ti mesmo" um "e conhece os teus".

Diante dos acontecimentos, sejam por ele desejados, a ele impostos ou herdados, o Príncipe deve conhecer tanto a natureza profunda daqueles que governa quanto a sua; como deve também conhecer o espírito particular que anima seu povo. De sua capacidade de estar em sintonia com aqueles que governa e em harmonia com seu povo dependerá seu sucesso na gestão dos acontecimentos.

Será tanto mais este o caso quando não se tratar de um Príncipe hereditário recebendo o poder do pai genético (como o rei Abdallah da Jordânia ao suceder ao rei Hussein, ou do rei Mohamed VI do

Marrocos ao suceder a Hassan II) ou espiritual (como o presidente russo Medvedev ao suceder ao presidente Putin, ou o presidente francês Pompidou ao suceder ao general De Gaulle), mas de um Príncipe que tenha chegado à função suprema por força das armas, de uma conspiração ou de negociações de bastidores, ou ainda por uma eleição que tenha acarretado mudança de maioria parlamentar no país.

Nesses casos, o novo Príncipe de fato estará inclinado a introduzir novidades (e portanto a provocar novos acontecimentos), esperando assim deixar bem clara sua diferença em relação ao antecessor, firmar sua autoridade e criar para si mesmo uma legitimidade, resgatando talvez um passado distante mas glorioso, e, de qualquer maneira, deixando sua marca na história do país.

Nicolau Maquiavel observava a esse respeito, além disso, que os países onde o poder é hereditário "são muito mais fáceis de governar que os outros, pois, para se manter no poder, o Príncipe precisa apenas não inovar em nada na maneira como os antecessores os conduziam, e, de resto, procurar ganhar tempo nos acontecimentos e acidentes que acaso sobrevenham".[1]

Como alguém o instasse a fazer algo porque havia o risco de que a oportunidade não voltasse a se apresentar, o rei Agesilau,[2] que herdara a coroa e

---

1. *O Príncipe*, capítulo 2.
2. Trata-se de Agesilau II, rei euripôntida de Esparta no século IV a.C.

cuja legitimidade de modo algum estava em dúvida, respondeu: "Em mudança alguma eu busco o prazer que isso pode me proporcionar, e portanto não preciso de nenhuma mudança."

Ao contrário de Agesilau, cuja linhagem remontava a Héracles, os Príncipes não hereditários sentem necessidade de adquirir legitimidade através da ação. São muitos os exemplos que ocorrem. Vou citar um deles, relativo à China. Na primeira metade do século XV, Yang Leu, que acabara de usurpar o trono imperial, enviou seu favorito, Cheng Ho, à frente de uma imensa frota, com ordens de fazer com que os soberanos das nações estrangeiras reconhecessem sua suserania em troca da concessão de privilégios comerciais. Quando ele foi derrubado, contudo, o Príncipe que o substituiu proibiu a navegação em alto-mar, e a partir do fim do século XV era punida com pena de morte a construção de grandes embarcações a vela com mais de dois mastros. Esse "Grande Fechamento" da China sempre intrigou os historiadores. Mas se o Príncipe chinês do fim do século XV foi capaz de resistir à tentação da expansão e da dominação, terá sido talvez por preferir, ao salto no desconhecido, por mais rico em oportunidades fosse, o conhecido, a ordem estabelecida e a harmonia.

Pelo fato de estar mais naturalmente inclinado que um Príncipe hereditário a provocar acontecimentos e a introduzir novidades na sociedade, como eu dizia, o Príncipe não hereditário deve antes de mais nada conhecer bem aqueles que terão contribuído para sua chegada ao poder e sentir-se sintonizado com eles, tratando-se dos seus eleitores, como na democracia, ou então, no caso de uma oligarquia, dos barões sobre cujos ombros se terá apoiado para alcançar o alto do zigurate. Por mais confortavelmente instalado que ele esteja no topo do edifício do Estado, assim, a partir do momento em que tiver de administrar acontecimentos e, mais ainda, quando quiser suscitar outros (o que inevitavelmente desejará), ele terá de pensar sobretudo em sua base — tenha ela o nome de corpo eleitoral, tribo, clã, junta militar ou birô político. Caso contrário, correrá o risco de cambalear e cair.

Pressionado na década de 1980, ao lançar sua *perestroika*, a democratizar o país e a se juntar ao concerto das nações e da economia de mercado, o líder soviético Mikhail Gorbatchev perdeu o apoio dos caciques e *apparatchiks* conservadores, cujos interesses, contraditórios mas ainda assim entrecruzados, serviam na época (embora ele o negasse) de alicerce ao seu poder e cimento para o seu império. Deixou, assim, de estar sintonizado com sua base. Quando esses descontentes se voltaram contra ele, perdendo o chão, ele se viu superado por ambiciosos ainda mais apressados que ele, e foi apeado do poder.

Tendo aprendido com os erros de Gorbatchev, seu vizinho chinês, igualmente comunista, optou por uma simples liberalização econômica por etapas, sob direto controle dos *apparatchiks* e caciques que o cercavam, ao mesmo tempo rejeitando qualquer ideia de uma liberalização política que pusesse em causa antes da hora o poder desses. Pôde assim preservar ao mesmo tempo sua autoridade sobre eles, a paz social e a integridade territorial do país.

Por ter revogado já na década de 1950 as leis anti-islâmicas da república turca, o impaciente primeiro-ministro Adnan Menderes esqueceu um tanto depressa o lugar central ocupado na época pelo exército na vida política. Derrubado por oficiais fiéis à memória de Ataturk e à laicidade, ele foi detido por violação da Constituição, julgado, condenado à morte e enforcado. Cerca de cinquenta anos depois, levando o tempo necessário e se adaptando ao ritmo das tendências profundas em ação no país, outro primeiro-ministro turco, Recep Tayyip Erdogan, conseguiu por sua vez reintroduzir o Islã na sociedade e na vida política sem maiores problemas. Dizendo uma coisa e fazendo outra, tirando aos militares com uma mão o que lhes dava com a outra, ele conseguiu, apostando numa islamização suave da sociedade e do exército, marginalizar os oficiais superiores, adeptos da laicidade, embora ela estivesse consagrada na Constituição, e tirá-los de cena pela primeira vez na história do país.

Erdogan não teria conseguido nada disso se, no meio século transcorrido desde a execução de Menderes pelo exército, o poder na Turquia não tivesse lenta mas inexoravelmente se deslocado dos militares, que tinham dominado a vida política do país desde a década de 1920, para os meios empresariais e as classes populares, que se transformaram nos dois mais sólidos pilares do poder no país.

Antes de introduzir novidades, portanto, o Príncipe deve certificar-se de estar bem sintonizado com as forças vivas do país, e de que tanto elas se reconheçam nele quanto ele nelas. Além disso, deverá conhecer intimamente o espírito que anima seu povo.

Para tomar o exemplo da França e da Inglaterra, duas nações que eu talvez conheça melhor que qualquer outra, aventuro-me a dizer que, se o espírito daquela a leva a buscar a garantia do equilíbrio estável, o da segunda a direciona para o equilíbrio instável.

Nação continental profundamente firmada na terra, a França aparentemente só alcança sua plenitude no enraizamento e no assentamento, movendo-se muito devagar, de modo imperceptível, como as camadas tectônicas que lhe servem de alicerce. Só então ela expressa melhor seu espírito e dá o melhor de si. Será talvez por isso que a França colonial, obrigada à expansão e ao movimento pela força das circunstâncias, a necessidade de emulação e sua própria potência, sempre procurou transformar os povos colonizados em clones dos franceses: desejo de estabilidade e continuidade por simples extensão do centro metropolitano, ilustrada pelos manuais escolares coloniais visando a ensinar às populações locais a história da França.

Nação insular voltada para o mar, a Inglaterra, pelo contrário, sente-se perfeitamente à vontade no movimento — nas ondas, nas marés e nos ventos. É assim, ao que parece, que ela melhor expressa o espírito que a anima e dá o melhor de si. Será provavelmente por isso que, ao contrário dos franceses, os ingleses nunca tentaram "civilizar" os povos colonizados tratando de anglicizá-los, limitando-se quase sempre a espremer cada um deles como um limão para então passar ao seguinte: dos 193 países hoje integrantes da ONU, com efeito, a Inglaterra terá neste ou naquele momento invadido nada menos que 158!

Daí decorrem, nesses dois povos tão próximos e, no entanto, tão diferentes, dois comportamentos diametralmente opostos em face dos acontecimentos, naquilo que apresentam de novo, desconhecido, descontínuo: desconfiança e excessiva cautela entre os franceses, curiosidade e adaptabilidade entre os ingleses. O que talvez explique por que, apesar da força dos sindicatos, a ex-primeira-ministra britânica Margaret Thatcher conseguiu transformar profundamente a sociedade inglesa, ao passo que o presidente Nicolas Sarkozy fracassou de maneira lamentável na tentativa de mudar a sociedade francesa. Provavelmente porque a oposição a suas reformas e suas novidades não partiu tanto dos corpos intermediários, como os sindicatos, mas de uma resistência difusa, que extrai sua força do próprio espírito da nação francesa.

Nação em equilíbrio instável, a Inglaterra segue e compartilha o movimento, reformando-se aos solavancos mas com regularidade e se adaptando nesse processo a cada nova situação, mais ou menos como os vulcões que respiram e fazem baixar a pressão em sua caldeira cuspindo lava de vez em quando. Nação em equilíbrio estável, a França, por sua vez, não gosta do movimento e tem horror à mudança. Mas a cada duzentos ou trezentos anos, transforma-se completamente. Explode então como os supervulcões que guardam com zelo suas forças durante centenas de milhares de anos, para despertar um belo dia de maneira tão grandiosa quanto dramática.

Se o presidente francês Nicolas Sarkozy tivesse entendido esse espírito do movimento imperceptível e do tempo prolongado que anima seu país, se estivesse em harmonia com ele, em vez de tentar arrancar suas reformas estruturais a fórceps, como fez entre 2007 e 2012, batendo de frente com os franceses, se tivesse deixado atuar o tempo, por certo não teria sido desautorizado. Confiando em seu destino, contudo, ele preferiu conduzir seu povo a toque de caixa, obedecendo a seu próprio ritmo desenfreado de chefe de guerra. Suscitou acontecimentos que os franceses temiam, chegou inclusive a provocá-los, multiplicou-os, de tal maneira que seus compatriotas acabaram por não mais se reconhecer nele, punindo-o. E por sinal o fizeram com certo peso na consciência, como se, sub-repticiamente, já estivessem mudando. Com excessiva lentidão, no entanto, para o gosto desse Príncipe.

De qualquer maneira, a partir do momento em que o Príncipe não adote esse princípio de autoconhecimento que lhe permite estar em sintonia com aqueles que governa e em harmonia com o espírito que anima seu povo, acabará parecendo com o personagem visto por Plutarco num quadro representando o Inferno, empenhado em trançar uma corda que era concomitantemente roída por um asno. É o esquecimento, diz-nos Plutarco, que separa ontem de hoje, hoje de amanhã, como se fossem mundos diferentes, tornando toda experiência nula ao cortá-la da memória. Essa missão acaba sendo aprendida à própria custa por todo Príncipe que opte por violentar o espírito de sua nação para servir apenas a sua voz interna e a suas próprias inclinações.

Do autocontrole como princípio de vida e governo

Carilau reinou em Esparta no século IX antes de nossa era. Como um de seus escravos se comportasse de maneira muito insolente para o seu gosto, ele disse: "Pelos deuses, eu o teria matado se não estivesse furioso." Se eu não estivesse furioso...

Para os antigos, com efeito, a raiva só diferia da loucura pela duração. Basta lembrar de César Augusto: como seu mestre Atenodoro da Trácia lhe tivesse pedido autorização para deixar Roma e se recolher à sua residência, em virtude de sua idade avançada, ele inicialmente consentiu; mas Atenodoro, ao se despedir, lhe fez esta recomendação: "Quando ficar furioso, César, nada diga nem faça antes de repetir para si mesmo as 24 letras do alfabeto." Augusto, pegando-lhe a mão, disse: "Ainda preciso da sua presença", e o manteve junto a si durante um ano inteiro.

E por sinal esse mesmo César Augusto (que certamente soube unir, mais que qualquer outro grande

Príncipe, as qualidades do rei-mágico às do padre-jurista), ouvindo dizer que Alexandre, o Grande, aos 32 anos e se tendo feito senhor da maior parte do mundo, se perguntava o que faria o resto da vida, mostrou-se surpreso que ele não considerasse tarefa mais árdua organizar um império tão vasto do que conquistá-lo.

Fica então claro que, para o Príncipe, a contenção e o autodomínio não têm valor apenas diante da fúria: valem também em face de qualquer pulsão irracional que o levasse ao descontrole, à *hybris*. "Nada em excesso", *mêdèn ágan*, é outro lema que podia ser lido no templo de Apolo em Delfos. Tudo que é excessivo, o que não é necessário e assim entra na esfera do luxo e do supérfluo — das guerras empreendidas ao influxo da cólera ou quando se está corroído pela ambição ao acúmulo desenfreado de riquezas por avidez ou cupidez, passando por acontecimentos grandiosos encenados por pura vaidade —, tudo isso traz em si os germes da falta de medidas.

Ainda se tratando de uma guerra, escrevia Maquiavel, uma coisa é justa se for necessária. Mas poderíamos inverter o argumento do mestre, dizendo que se segue daí que tudo que não é necessário é necessariamente injusto. E é precisamente à luz desse critério, do que é justo e do que não é, que se avalia a falta de medidas. Matar para se proteger e proteger os seus pode ser justo. Matar para submeter alguém ou se apropriar dos seus bens é injusto e excede as medidas.

"Conservar suas posses e direitos", aconselhava Sun Tse ao Príncipe, "deve ser a primeira das suas preocupações; ampliá-los à custa dos inimigos é o que só deve fazer quando for obrigado."[1] Por sua vez, Agesilau, anteriormente citado, gostava de dizer que era mais importante preservar a própria liberdade que tirá-la de alguém. E um de seus sucessores, Leon,[2] respondeu a alguém que lhe perguntava em qual país se devia viver para desfrutar de segurança: "Onde os habitantes nunca possuírem de mais nem de menos." Nem de mais nem de menos... Quanto ao herói de guerra romano Mário Cúrio Dentalo,[3] como tivesse sido recriminado por ter distribuído apenas uma pequena parte do território conquistado, transformando-o basicamente num domínio público, manifestou o desejo de que "não haja nenhum romano capaz de julgar pequena demais uma terra que o alimenta".

Como se vê, espero, se eu recomendo ao Príncipe que sempre exerça autodomínio para jamais cair em excessos, não é por considerações puramente éticas. Não, se insisto nesse ponto é porque, num mundo em

---

1. *A Arte da Guerra* capítulo 3.
2. Rei ágida de Esparta no fim do século VII a.C.
3. Cônsul romano do século III a.C.

que os acontecimentos se aceleram e se atropelam, se entrechocam e proliferam, o autodomínio possibilita justamente o controle dos acontecimentos.

Em *La Créüside*, versão moderna da *Eneida*, escrita por Virgílio para glorificar César Augusto, Magda Szabó[4] dá a palavra a Latino, rei do Lácio, que se queixa em seu foro íntimo de ter sido forçado pelos deuses a romper o noivado de sua filha Lavínia com o vizinho — Rútulo Turno, o Vigoroso — para dar sua mão em casamento a Enéas, filho de Vênus, que desembarcaria na Itália procedente de Troia e estava destinado a lançar no Lácio as bases daquele que viria a se tornar o maior império que já houve. "Para que transformar o Lácio num imenso império?", queixa-se Latino. "De que vale um domínio tão vasto que seu senhor não pode percorrê-lo? Um Príncipe deve conhecer cada rebanho, cada parcela, deve saber para que serve determinada terra, onde lavrar, onde conservar a floresta, e só pode cultivar uma terra do seu tamanho..."

Assim se lamentava o bom Latino à ideia de que sua filha tivesse sido escolhida pelo destino para gerar uma raça imperial. E, com efeito, quantos acontecimentos não teriam sido poupados aos latinos, aos italianos e ao resto da humanidade se os deuses, em

---
4. Virgílio, poeta romano que viveu do ano 70 ao ano 19 a.C. sob César Augusto; Magda Szabó, grande escritora húngara (1917-2007).

vez de se divertir conosco, nos tentando, nos empurrando aos extremos de nossa lógica e assim nos levando à nossa perda, tivessem deixado Lavínia, filha de Latino, desposar Rútulo Turno e não Enéas. Vou citar ao acaso: a transformação da futura república romana num império feito refém por uma soldadesca que fazia e desfazia imperadores a seu bel-prazer, a loucura assassina e os excessos sanguinários de um Cômodo, de um Nero, de um Calígula ou de um Tibério, o assassinato de Arquimedes — morto em Siracusa por um soldado romano —, a destruição de Jerusalém pelas legiões romanas, a guerra dos gauleses —, que causou 1 milhão de mortos para realizar os sonhos de poder e glória de um único homem, Júlio César —, para não falar de todos aqueles que, mundo afora, tentaram desde então e ainda hoje tentam, provocando acontecimentos, assemelhar-se a este a qualquer custo. Todos eles, como se vê, acontecimentos filhos do excesso.

A partir do momento em que, cedendo a seus instintos e pulsões — a sua sede de glória, de fama, de poder, de riqueza, de imortalidade —, o Príncipe cai no excesso, escancara a caixa de Pandora dos acontecimentos. Ora, como julgo ter demonstrado, assim procedendo ele não tem mais possibilidade de controlar a infinita cadeia de acontecimentos induzidos pelo evento original que terá provocado. E se até a Sorte se mostra inicialmente favorável a ele, caprichosa como é, mais cedo ou mais tarde acaba mudando de rumo. Pelo contrário, se o Príncipe aplicar o princípio de autocontrole a cada um de seus atos, a torrente dos acontecimentos será contida e acalmada, os descontentes e ambiciosos não poderão mais valer-se dela contra ele, que conseguirá então controlar o próprio destino.

Como o Príncipe no fim das contas é um só com seu povo, não só ele deve exercer o autocontrole em tudo como também incitar seus governados a fazer o mesmo.
Há mais de dois mil anos, Catão, o Velho,[5] criticando publicamente a prodigalidade e o luxo que na época se espalhavam por Roma como uma mancha de óleo, já dizia, referindo-se ao povo, que era impossível impor a razão a uma barriga sem orelhas. O mesmo se aplica hoje em nossa sociedade de consumo, imitação e competição, quando, movidos por uma avidez insaciável, um desejo sem freios e uma vaidade ilimitada, leva-nos a não saber mais distinguir entre o que é necessário e o que é supérfluo (o que é justo, portanto, e o que não é), e, como uma enorme barriga surda, devoramos impensadamente bens materiais (riquezas, posses) mas também bens culturais (espetáculos, atividades de lazer, viagens, dados de conhecimento).

---
5. Marco Pórcio Catão, cônsul romano (234-149 a.C.).

Exortando seus concidadãos a mostrar comedimento em tudo, o Príncipe deve, no entanto, evitar fazê-lo por coerção ou legislação, pois a coerção, assim como a legislação, serviria apenas para aumentar a quantidade dos acontecimentos possíveis que ele tenta reduzir. Deverá, portanto, fazê-lo apenas pelo exemplo e pela educação.

Primeiro, o exemplo. Há alguns anos, num país da Europa, vimos um político repetir incansavelmente, numa campanha eleitoral, que só pelo trabalho, o esforço e o mérito se pode avançar na vida. Feito isso, ele foi a um café, onde comprou um bilhete de loteria diante dos olhos dos jornalistas e das câmeras de televisão. É verdade que se tratava de um bilhete de pequeno valor, tendo custado apenas uma moeda, mas nem por isso deixava de ser um bilhete de jogo de azar, comprado levianamente por um homem que sonhava tornar-se Príncipe e acabava de fazer o elogio do trabalho. Caberia perguntar se ele se dava conta da própria incoerência: exortar os concidadãos a recorrer à Razão para ter uma vida melhor e em seguida estimulá-los, pelo exemplo, a depositar suas esperanças na Sorte.

Depois, a educação. Os antigos entenderam muito bem a importância da educação, como também compreenderam que não é possível resolver coisa alguma com uma proliferação de textos jurídicos e leis escritas. Quando o cita Anacársis ficou sabendo que Sólon legislava a torto e a direito em Atenas, zombou dele nestes termos: "Acreditas, Sólon, ser capaz de reprimir a injustiça e a cupidez dos seus concidadãos mediante leis escritas. Mas estas em nada diferem das teias de aranha: manterão cativos os menores e mais fracos, mas os grandes e poderosos haverão de rasgá-la." Ao contrário de Sólon, Licurgo, o grande legislador de Esparta, não se enganou nesse sentido, tendo formalmente proibido que as leis fossem estabelecidas por escrito, pois em sua opinião as prescrições mais importantes para assegurar a felicidade e a virtude na Cidade deviam estar solidamente enraizadas nos costumes e na educação dos cidadãos.[6]

E assim como Atenodoro da Trácia aconselhava César Augusto que nada dissesse nem fizesse, quando furioso, sem recitar para si mesmo as letras do alfabeto, assim também o Príncipe esclarecido se esforçará por recomendar aos concidadãos, influenciados por um súbito desejo ou pulsão, nada dizer nem fazer antes de repetir para si mesmos as letras do alfabeto.

E por sinal essa recomendação se aplica tanto à expressão de uma opinião ou de um sentimento que quisessem apressadamente tornar público porque as

---

6. Anacársis, filósofo cita dos séculos VII e VI a.C., foi um dos Sete Sábios da Antiguidade; Sólon era um estadista e legislador ateniense da mesma época; Licurgo é o lendário legislador de Esparta, ao que se saiba, anterior ao século IX a.C.

telecomunicações estão banalizadas quanto a uma viagem ou deslocamento que pretendessem fazer exclusivamente porque os transportes são acessíveis e baratos, ou à compra de um bem material ou cultural a cuja aquisição fossem induzidos pelos inúmeros anunciantes e seduções, embora pudessem muito bem dispensá-los (na respeitável cidade de Weimar, cheguei a me deparar com uma estátua de Goethe, cujo romance *Werther* foi objeto do primeiro grande *merchandising* bem-sucedido da era moderna, interpelando os transeuntes com um gesto ameaçador para induzi-los a entrar num centro comercial e consumir).

Desse modo, o Príncipe terá a possibilidade de melhor controlar os acontecimentos através do controle que cada um exercerá sobre si mesmo.

Mas já percebo que alguns, lendo estas linhas, pensam, não sem algum sarcasmo, que se trata de um convite a nunca empreender nada, a viver na mediocridade e se manter desconhecido e anônimo para todo o sempre. E nossa reputação? E nossos prêmios, para não falar dos nossos troféus de caça? E nossas estátuas nas praças? E os cantos em louvor de nossa glória? E nosso nome nos livros de história? Não poderia haver, perguntarão eles, certa grandeza numa pontinha de descomedimento?

A eles, eu responderia que *vanitas vanitatum, omnia vanitas*, tudo é vaidade e toda fama é efêmera. No fundo eu não estaria em boa posição para fazê-lo, pois certamente escrevo movido pela vaidade. Contento-me então em dizer-lhes que um Príncipe virtuoso não deve empenhar-se em fazer grandes coisas a qualquer preço, tratando, isto sim, de fazer com perfeição tudo aquilo que deve fazer.

Num epitáfio espartano, lemos estas palavras: "Os que aqui tombaram acreditavam que a Beleza não decorre da vida [como poderia supor o mais comum dos mortais], tampouco da morte [como poderiam pensar os que só sonham com a glória], mas da perfeição que é conferida a uma e outra." E, com efeito, se as coisas são bem-feitas, se são perfeitas, tornam-se grandes por si mesmas. Tornam-se grandes sem que seja necessário acrescentar-lhes nenhum excesso.

Quanto àqueles que ainda não foram convencidos por minhas palavras e que, ainda caindo no excesso, desejariam a qualquer custo ter um monumento à sua imagem na praça pública (seja ele real ou simbólico), devo lembrar, para acalmar seu ardor, este comentário cortante do já mencionado Catão, o qual, constatando que em Roma eram erguidas estátuas de muitos homens, disse: "Quanto a mim, prefiro que as pessoas se perguntem por que Catão não tem estátua, e não por que tem."

E como, ao contrário do Príncipe chinês que um dia proibiu aos súditos a navegação de alto-mar, não acredito nas virtudes da coerção ou da legislação, me limitarei a lhes desejar bons ventos, ao mesmo tempo recomendando que, antes de embarcar em busca de poder e glória nos mares revoltos dos acontecimentos, não se esqueçam de calibrar suas pulsões em função de suas forças, exatamente como, segundo nos diz Plutarco, os marinheiros estendem as velas em função do vento.

Posfácio

Eis o que eu tinha a dizer atualmente a respeito do que a vida me ensinou sobre a prática do poder na felicidade ou na desgraça, o uso mais nobre que o Príncipe pode fazer dele e a melhor maneira de se preservar e preservar os seus do maior de todos os perigos, a saber, os acontecimentos. Acontecimentos que, com sua quantidade e seu peso sempre maiores, nos impedem de distinguir claramente entre a verdadeira mudança, que é, portanto, inevitável, e o que não passa de vão movimento, e que, portanto, poderíamos evitar.

Eu comecei declarando pretender dedicar este trabalho sobre o melhor exercício do poder a todos aqueles que, por mais humildes e desconhecidos, tivessem olhos de ver, ouvidos de ouvir, coração para decidir e sangue-frio para não se deixar arrastar. Manifestei então o desejo de que pudessem encontrar aqui material para reflexão e convite para a ação justa, de maneira que cada um deles seja um Príncipe entre os seus. Gostaria agora de acrescentar outro desejo: que eles tenham encontrado no que aqui disse elementos para incitá-los a ser antes de mais nada Príncipes de si mesmos. Pois a verdade é que só é verdadeiramente Príncipe aquele que, dominando a arte suprema do conhecimento e do controle de si, exerce antes de mais nada seu poder principesco sobre a própria pessoa.

E agora, a cada um deles, onde quer que esteja — num ministério, numa prefeitura, num quartel, numa delegacia, numa fábrica, numa mina, num campo, atrás de um guichê ou de uma banca, numa redação, num estúdio de televisão, num hospital, num subúrbio, numa escola de bairro, numa cela de prisão ou em casa e em família —, a todos, sem exceção, eu digo: Salve, Príncipe!